新营销+新媒体系列

Brand Creative Marketing

品牌创意营销

找准品牌原力，做对营销创意

刘述文◎著

中国经济出版社
CHINA ECONOMIC PUBLISHING HOUSE
北京

图书在版编目（CIP）数据

品牌创意营销：找准品牌原力，做对营销创意/刘述文著．
—北京：中国经济出版社，2020.1
ISBN 978-7-5136-5140-0
Ⅰ.①品… Ⅱ.①刘… Ⅲ.①品牌营销 Ⅳ.①F713.3
中国版本图书馆 CIP 数据核字（2019）第 277962 号

责任编辑　牛慧珍
责任印制　马小宾
封面设计　任燕飞

出版发行　中国经济出版社
印 刷 者　北京富泰印刷有限责任公司
经 销 者　各地新华书店
开　　本　710mm×1000mm　1/16
印　　张　15
字　　数　185 千字
版　　次　2020 年 1 月第 1 版
印　　次　2020 年 1 月第 1 次
定　　价　58.00 元
广告经营许可证　京西工商广字第 8179 号

中国经济出版社 **网址** www.economyph.com **社址** 北京市东城区安定门外大街 58 号 **邮编** 100011
本版图书如存在印装质量问题，请与本社销售中心联系调换（联系电话：010-57512564）

前言

问渠那得清如许？为有源头活水来。

——朱熹

随着改革开放的推进，西方营销思想的引入推动了中国营销界的巨变，中国企业的品牌经营与营销水平得以迅速提升。

无论你是企业经营者、管理者，还是策划人，相信都会对品牌与营销有不同的认知和理解，从最早的CIS理论（企业形象理论）、到营销4Ps理论（产品、价格、渠道、推广）、4Cs理论（客户、成本、便利、沟通），再到定位理论、IMC理论（整合营销传播理论），这些营销理论指导了中国诸多品牌的营销实战，并取得了不菲的成绩。

毋庸置疑，营销方法论是企业“不战而胜”的品牌运营之道，不仅是企业角逐市场的竞争武器，还是建立品牌壁垒的护城河。然而，你会发现，随着品牌与营销方法的普及，如今大家不仅对很多知名的营销理论烂熟于心，还大量应用于营销实践。此时，你所提出的营销方案像你的产品一样，陷入同质化的尴尬处境，于是在你看来非常有竞争力的营销方案，在激烈的市场竞争中，其效用价值微乎其微，瞬间就淹没在市场中。

不仅是你，实践中绝大多数的品牌管理者、营销人都会陷入这个困局——同质化的营销方案。你会惊讶地感叹，一个注重创意的时代已经到来，无论你的营销方案使用了什么方法论，归根结底要有创意，没有创意，你的营销方案再好，也实现不了品牌的目标，到达不了营销战略的目的地。

创意是让同质化的营销方案差异化的根本，也是营销方案取得策略突破的唯一出路。一个好的营销战略方案，需要行之有效的出奇创意。

时代瞬息万变，市场在变，竞争在变，传播环境在变，消费者也在变。或许，你又面临一个新困惑：面对突如其来的变化，创意也眼花缭乱，该如何创意才能让营销方案脱颖而出？

如何判断创意的好坏，这就是本书所要回答的问题。笔者为你找到影响创意的核心因素，为你系统梳理出一个生产创意的好方法。这个方法就是品牌营销原力，有了这个方法，我们就找到了创意的“活水”——“问渠那得清如许？为有源头活水来”。

品牌寄生在人类的文化主体意识中，品牌创意自然离不开对人性的研究。一个不争的事实是，不管时代如何变迁，千百年来人性不会变。人性不变则品牌创意的本质不会变。品牌创意的原点就在于对人性的理解，存在于人类大脑的集体潜意识里，找到品牌创意的开关——品牌营销原力（下称原力）。

创意就是发现原力、唤醒原力，将原力嫁接到营销策略中的转换过程。关于什么是好创意，你可以通过以下方式来判断品牌创意水平的高低。

三流的创意：天马行空，花样多，并无实际效果；

二流的创意：有新意，吸引眼球，效果并不明显；

一流的创意：嫁接品牌营销原力，让消费者产生行动。

创意要追求简单，不能将其复杂化，也无须复杂。好的创意都是显而易见的，与人们潜意识中的常识共鸣。原力是创意的魂，找到了嫁接的原力，就找到了创意的方向。因此，你要不断提醒自己创意先要找到原力，然后再去创建购买理由，创意购买指令，规划购买刺激等。

原力越大，购买理由越有说服力；

原力越大，购买指令越强；

原力越大，购买刺激愈大；

原力越大，营销力越强。

你要在三个阶段问自己：

购买理由定位之前——你的原力是什么？

购买指令创意之前——你的原力是什么？

购买刺激规划之前——你的原力是什么？

品牌营销原力来自人类大脑的自动式思维系统的无意识（潜意识），为你的品牌赋予强大的创意能量，让你的创意有方向、更精准。当创意将原力提炼为购买理由、购买指令、购买刺激时，你的营销战略也变得具有竞争优势，而且更为有效。

在消费者心智品牌厮杀的终极战场，若你的品牌没有成功进入消费者心智，那就意味着你的品牌难以获得生存空间。在这场认知之战中，你想让你的营销传播打法变得越来越可行有效，就需要借助原力。

本书从十二字品牌魔咒——“购买理由、购买指令、购买刺激”出发，分三个步骤与你分享如何找到原力，做独一无二的创意。

第一步是创建购买理由：明确你的品牌为消费者提供的差异化价值，从“动机原力”来创建购买理由。这个环节，需要注意的是要以产品为基础，同时洞察目标消费者，获得消费者动机原力，找到购买理由定位，然后根据定位创建购买理由。购买理由除了核心理由，也可以由其他理由要素组成。

第二步是创意购买指令：遵循购买理由，用“文化原力”来创意购买指令。需要提醒的是，购买指令创意要注意“少则多，少则得”的原则，保持文化元素（文化原力）的单纯性，简而言之就是你的创意表达要聚焦到核心要素上，让创意像刀片一样锋利。

第三步是规划购买刺激：发挥“诱因原力”，从“信息、媒体、行动”三大维度开展整合营销传播。购买刺激根据条件反射原理将购买理由、购买指令形成“有策略、有秩序、有结构”的策略部署，刺激消费者内心，“诱惑”消费者购买。在媒体碎片化、信息爆炸的时代，整合营销思维变得越来越重要。

刘述文这厮从事品牌营销策划行业 17 年，从咨询公司到广告公司的摸爬滚打，历睹、实操数百案例，也从一个市场营销的新兵，蜕变成资深从业者，17 年以来不断总结提炼，将实践与理论相结合，终于探索了行之有效的品牌原力创意方法。

希望这本《品牌营销》能够抛砖引玉，引起营销界对原力营销方法的讨论，也希望本书能对营销从业人员的工作有所助益。

刘述文　敬上

2019 年 7 月 8 日于深圳

目录

第一章　原力产生创意，没有原力就没有创意

“故善战者，求之于势，不责于人，故能择人而任势。任势者，其战人也，如转木石。木石之性，安则静，危则动，方则止，圆则行。故善战人之势，如转圆石于千仞之山者，势也。”

——《孙子兵法》

《孙子兵法》中这段话的大意是教我们利用好“势”，善战者追求形成有利的“势”，有了这个“势”，即便是木头和石头也能成为凶猛的武器。这里的“势”可以理解为“原力”。某种意义上，“原力”与“势”都具有同样的力量。将超级武器——“原力”嫁接到品牌创意，就可以赋予无与伦比的创意势能，成为品牌营销原力，就得到了最有效的创意超级能量。

一、品牌原力是什么

1. 新经济时期，如何突破营销策略的同质化

工商业的发展，促使营销界的巨变。各种营销方法论陆续登上历史舞台，营销理论（4Ps 到 4Cs、4Vs、4Is 等）发生了多次交替变更。与

此同时，广告创意也经历了戏剧性理论（李奥·贝纳创立）、独特销售主张（罗瑟·瑞夫斯创立）、品牌形象论（大卫·奥格威创立）、ROI 理论（广告大师 W. 伯恩巴克创立的 DDB 广告公司制定）、定位理论（艾尔·里斯和杰克·特劳特提出）等方法论的演变，为一代又一代人的创意思维注入能量。

在营销理论战略框架下，你会发现营销要素很容易被竞争者效仿，无论如何调整策略，你与竞争对手的思路其实都相差不大，你用这个理论，人家也用这个理论，当营销策略趋于同质化，唯有创意才能活化营销，为其差异化赋能。

无论我们如何定义营销，最终都要回归到营销传播上，回归到与消费者的沟通上。媒介与内容是营销传播的硬币两面。媒介作为传播渠道，是一种信息载体工具，而传播内容是真正能够让你发挥创意的地方，因此，营销传播的终极对决取决于你对传播内容的差异化策划和创意。

数字化信息时代带来了传播媒介的多元化、多样化、碎片化甚至粉末化，注意力成为稀缺的争夺资源，营销似乎变得更麻烦了。当然，无论是传统媒体，还是互联网媒体、移动互联网媒体，在企业争夺消费者的道路上，成功的营销都在于卓越的内容创意。

那么，有没有一种内容创意规律可循，可以快速为创意赋能，吸引成千上万消费者的注意力，无论是一个成长品牌或者一个全新的品牌，让消费者很快就能认识它、记住它、熟悉它、爱上它，并毫不犹豫地一而再，再而三地选择它？

有，这个创意方法就是通过激活消费者内在的力量，嫁接品牌营销原力。

同时，学会了这个创意方法，你就找到了解决问题的办法。无论你从事什么行业，你都能知道如何精准地生产创意，用大创意引爆品牌营销，为营销战略落地提供一个新视角。

2. 什么是品牌营销原力

小时候，我家乡有一条小河，小河边上修缮了一条小水渠，每当旱季来临，村民们就将河水引到小水渠，借助水力，小水渠的水冲动一架木水车带动一个磨坊，在这种低效的操作方式下，水力除了一小部分被利用之外，其他的都给浪费了。后来镇上研究水力技术的专家，以现代技术开发那条河的水能，在上游建立了十多米高的水坝，并安置了发电机。现在，同样的水能，不仅为水渠引流更多的水带动一个榨油厂，还可以用于发电，解决村民照明的问题。

“力”是一个富有神奇能量的词，万事万物都因“力”而存在。自宇宙大爆炸以来，因为“力”的缘故，有了星球运动，有了地球的自转、公转。同时，地球上的万事万物也受万有引“力”的牵引。

当我看到被浪费的营销传播资源时，我想起了家乡的那条小河。巨大的潜能却只被用来推动一个磨坊，而经过创意之后，用同样的能量却收到了数十倍、上百倍的效益。

其实，与宇宙、大自然受力的作用一样，品牌营销也存在一种力，一种看不见、摸不着，但是可以驱动品牌营销决策的神秘力量，我们将其称之为“原力”。“原力”指本原的力量、原始的力量、最强大的力量。刘述文这厮借用了《星球大战：原力觉醒》电影中的“原力”这个词，影片诠释了“原力”的能量，绝地武士使用的力量是宇宙的原力，虽然无形，但威力无比，成为绝地武士的超级武器。

在中国古代就有形容原力的文句，《孙子兵法》说：“激水之疾，至于漂石者，势也。”湍急的流水，飞快地奔流，以致能冲走巨石，这里的势其实就是“原力”。某种意义上，“原力”与“势”都具有同样的力量。

将超级武器——“原力”嫁接到品牌营销创意，赋予品牌营销无与伦比的创意势能，成为品牌营销原力，就得到了最有效的创意超级能量。

品牌营销原力就是唤醒消费者大脑潜意识中的潜在力量，创意出让消费者认知它、认同它、顺从它的购买理由、购买指令、购买刺激，让消费者采取快速选购行动。

一句话，品牌营销原力就是发动消费者的集体潜意识。

集体潜意识，就是“并非由个人获得而是由遗传所保留下来的普遍性精神机能，即由遗传的脑结构所产生的内容”。潜意识是意识的一种状态，指人们在不知不觉中意识到一些事物，或者在长期的行为中对原来已经处于意识中的事物逐渐习惯化了，不是处于清楚的意识中。总结来说，潜意识影响我们的决策行为，尤其是购买行为。

例如，你每天经过一个餐馆不一定会留心餐馆的招牌，但是如果别人描述餐馆招牌的样子，你的头脑中模模糊糊地有那么一种印象，好像在哪里见过，但又确实说不明白，这种印象其实就是潜意识状态的表现。

那么，品牌营销原力是如何发生作用的？为什么是发动人们的潜意识，而不是意识？

《潜意识心理学》一书的“冰山理论”这样解释：“潜意识就是水下面的部分，意识就是水上面的部分。潜意识里面蕴藏着我们百分之九十九的精神活动，也就是说我们的绝大部分感受和行为是受潜意识驱使的。”

原力创意要做的就是让大家通过觉知、感受洞见自己的潜意识，用创意将潜意识被意识化，这个冰山露出水面的就相应的多，你自己能真正做主的也就多，这样你的选择性纠结就会变少，原力创意就是解决这个问题（如图 1-1）。

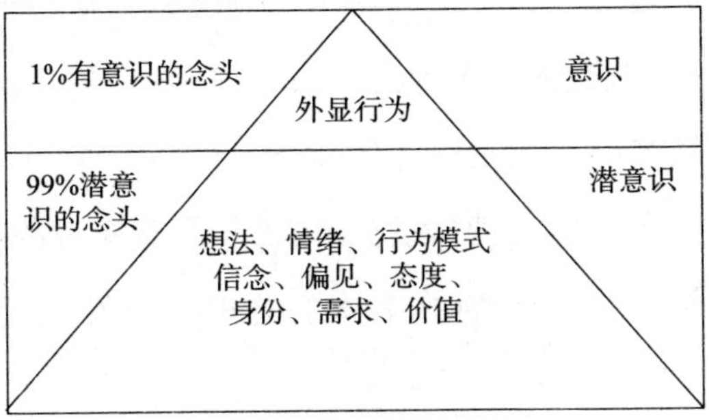

图 1-1　冰山理论

例如，你在做购买决定的时候，面对琳琅满目的同质化商品，你会很纠结，到底是选甲，选乙，还是选丙，你陷于选择性迷茫，这其实就是被潜意识给控制了，就是潜意识和意识没有统一所致。当品牌的营销传播（产品设计、商品包装、广告或者活动等）激活了你的潜意识，类似的“选择迷茫”就会很自然地减少了，你就会不知不觉地选择某品牌。

这就是品牌营销原力——让你不知不觉地选择某品牌商品。

品牌营销原力作用于消费者的大脑。人们脑子里装的并不是活生生完整事物的图像，而是基于已有知识概念化了的假设，并形成习惯思维、定势思维。其实，王老吉凉茶（现为加多宝）“怕上火”的概念就是品牌营销原力的觉醒。

据加多宝集团副总裁阳爱星介绍，王老吉准备拓展北京市场的时候，市场调查结果让大家哭笑不得，当时大部分北方人认为凉茶就是隔夜茶，这就不得不在里面寻找新的概念，还不能与广东地区祛火、下火相冲突。上火是个中医的概念，对中国人来说，上火的概念已经根深蒂固，在江浙一带很多人在烧烤前喝一罐王老吉，意思是预防上火，加多宝集团敏锐地抓住了“上火”这个品牌营销原力，把王老吉的购买理由定位为预防上火的功能性饮料。

在国人追求大健康的背景下，加多宝顺势将其淡淡的中药口感由劣势转化为优势，来契合健康的观念，并以一句“怕上火，喝王老吉”的广告语被国人接受，这就是原力的能量。

品牌原力不仅要求你对消费者做调查，还必须将调研转换为创意，通过原力创意激活消费者大脑的集体潜意识，触发他们做购买决策的势能。

刘述文这厮来总结一下：品牌营销原力通过创意嫁接原力，激活消费者大脑的集体潜意识，触发他们做决策行动。它是让创意变得更简单、让品牌营销变得更容易的潜在力量。

3. 为什么要找到品牌营销原力

◎ 品牌营销原力是创意的触发按钮

消费者需要一个购买决策的触发按钮，例如在某时某刻，有些念头会更容易从你的脑海中蹦出，这些东西是习惯性地随时都会想到的。当你选择一个品牌，其实就是选择了一种强烈的触发，而触发的源头，就是藏在你既有心智空间中的，提醒你相关概念、想法、经验的“东西”。

这里的“东西”就是触发按钮。品牌营销原力就是触发按钮的创意开关，品牌营销就是找到创意的关键点。那么，品牌营销原力为什么起着如此大的作用？

要回答这个问题，首先要看看商品是如何实现销售的。通常而言，商品销售有两条路径：一条是物理渠道，即通过卖场、商城、店铺等渠道让消费者“购得着”商品；另一条是心理渠道，即通过广告、活动等传播，让消费者“触发到”商品的理念、价值观、情感。品牌所做的工作就是要完成营销的心理感知——感知攻略。

创新思维之父爱德华·德博诺认为：“感知会影响情绪，而情绪会影响行动。”因此，无论你是在渠道上看到某商品，还是在广告上看见某品牌，都是企业在做感知攻略，品牌营销原力就是让你感知品牌的那个触发按钮。

品牌感知是品牌营销创意概念通过感觉器官在人脑中的直接反映，品牌是以某些方式将满足同样需求的其他产品或服务区别开来，这些心理认知的差别体现聚焦到品牌核心词汇上。例如：“性感”是玛丽莲·梦露个人感知的触发按钮；“优雅”是奥黛丽·赫本个人感知的触发按钮；“叛逆狂野”是 lady gaga 的触发按钮。

再比如，各品牌四驱越野汽车在象征性、感性或无形性方面有不同的触发按钮，如奔驰代表“尊贵座驾”，宝马代表“驾驶乐趣”。

所以，品牌营销原力的触发按钮一直都存在于消费者的大脑中，如同思想一般，扎根在文化主体意识里，是时间的积累和沉淀；触发就如同星星之火，点燃之后燃烧的正是消费者的欲望之火，驱动着他们购买的热情以及对品牌的追求。

◎ 品牌营销原力直达消费者的潜意识

新媒体时代，在给消费者提供有价值的信息时，作为品牌商，你必须围绕消费者的“触发”出发，给出更精准的解决方案，因为他们没有时间听你说和他不相关的。

以前你总是关注你的商品卖什么，从卖什么去找商品的差异化，找到商品的独特销售卖点（简称USP），哪怕没有意义的差异化，也是有意义的，没错，该理论提出者罗瑟·瑞夫斯也是这么认为的，这其实是以商品为中心的思考方式。

在营销传播中，你需要找到消费者购买商品的买点——触发按钮，倘若品牌不能从消费者身上找到和商品相关的触发点，那么无论你如何大声吆喝，他们都只会和你形同陌路。

在同质化时代，应该以消费者为中心，从他们的角度出发，找到他们购买商品的理由，也就是洞察他们要买什么。因为对于他们而言，你所看重的不重要，他们看重的才最重要。

因此，你更多的是要表达出“他们购买你品牌的理由是什么”。

消费者往往是感性的（尽管有人认为自己很理性），他们的行为有着某种潜意识的惯性，对想买什么、要买什么，喜欢趋从于以往的感觉或者依靠经验判断当下的选择，时间累积的经验将直接指导他们的每一次抉择。因此，不要企图教育或者改变消费者，要迎合消费者，洞察到消费者买什么。

成功的品牌往往是唤起消费者那颗想买的心，唤醒一种潜意识的欲望，使他们在人生旅途中感受到温暖。他们要快乐，一瓶水就卖快乐；他们要激情，一瓶饮料就卖激情；他们要友情，一瓶酒就卖友情；他们有“美”梦，一盒化妆品就卖美梦；他们要尊贵，一辆轿车就卖尊贵……

◎ 品牌营销原力找到消费者的共鸣点

据美国广告市场调查显示：“36%的广告浪费是由于广告主对市场的认识和想法是错误的；31%是因为广告代理公司的创意失败了；83%的原因在于广告媒介的选择可能是错误的，而100%的原因在于消费者觉得你的广告和自身无关。”

品牌，尤其是新品牌，在和消费者建立联系的时候，你的广告必须和他们有关，即能洞察到共鸣点，才能在品牌曝光时刻，造成一见钟情的感觉。

品牌的创意按钮就在消费者的大脑里，你要在消费者大脑里找到与商品的共鸣点。

影响我们当下行动的是我们的潜意识（自动式无意识思维），它会执行内在的、习惯性的或那些经过持续重复后已经极为熟练的已知任务。这个共鸣点就在消费者熟练的已知任务中。那么这个共鸣点在哪里？

首先，我们要激活的潜意识是消费者的需要与欲望。

马斯洛“需求理论”后面章节会详解（“动机原力”）告诉我们，基于物理功能的需要是有限的，而基于情感心灵的想要和欲望是无限的。需求包括需要和想要，需要是满足物理功能需求，想要则是满足情感欲望。这也是为什么茅台、五粮液等高档酒在中国市场持续火爆的原因，消费者买的就是欲望。

其次，我们要破解的潜意识是消费者的文化基因。

强势文化创造强势民族，强势文化造就强势品牌。品牌作为沟通的文化符号，寄生在文化主体意识里。品牌运作的核心是抓住文化势能（文化原力），它能在更高的思维空间破解人类的灵魂密码。例如：同仁堂寄生在中国的文化主体意识里；男前豆腐寄生在日本的文化主体意识里；泡菜寄生在韩国的文化主体意识里。

国外红酒为什么在中国卖不过白酒？原因就是中国文化基因中的酒桌文化，消费者对本土白酒有长期的认可度，消费者的内心诉求是：是啊！我要的就是这股劲，这就是我需要的感觉！好像期待已久的渴望，被瞬间满足了。

最后，我们要破解的潜意识是条件反射的共鸣点。

条件反射原理告诉我们，购买刺激可以强化记忆，创造购买行为。掌握信号刺激原理，我们伺机要发起品牌的整合营销行动。

当然，为了找准消费者的共鸣思维，你不得不研究他们的生长环境、生长经历、文化程度……若能洞察出能够引发共鸣的“常识”，你就能在第一时间引发消费者的共识。

总之，创意按钮是将品牌和消费者联系在一起的“桥梁”，按钮介于左脑认知和右脑认知的核心地带，也是能够和消费者产生共鸣的基础所在，找到了这个品牌营销原力按钮，也就找到了营销的根、创意的魂。

4. 品牌营销原力的原理基础是什么

无论是生活还是工作，我们常常善于理性思考与逻辑推理，我们相信，我们的记忆是准确的，我们可以毫无偏见地观察任何事物，始终会得出深思熟虑的客观决定。

可是，科学研究表明，我们想的和做的很多事情都与理性、逻辑、有意识的思想无关，而与情感、情绪、无意识相关。

从卡佳·布列塞特女士曾写过一篇名叫《揭开隐秘的心灵世界》的文章，讲了人类心灵如何运作的问题，她引用了五个相互关联的观点，这些观点是行为科学发展的产物：

第一，95%的人类思维和情感发生在无意识的时候；

第二，人类在神经刺激（神经图像）中思考，而不是在言语中思考；

第三，隐喻思维是基本的心理过程；

第四，故事是学习知识、了解世界和表达自己的必备步骤；

第五，情绪对人类如何思考、行动和解释世界万物至关重要。

事实上我们的无意识会影响我们的许多行动、选择和购物决策，无意识才是我们认知事物的思维方式，这也是成为品牌营销原力的主要因素。

那么，人类是如何感知或者认知事物，并做出选择的呢？在此，不得不提到理查德·泰勒和卡斯·桑斯坦两位研究思维系统的专家。

诺贝尔经济学奖得主——经济学家理查德·泰勒与知名法律学者卡斯·桑斯坦合著了一本畅销书《助推》。在书中，他们演示了如何运用“选择的科学”引导人们合理决策，从而获得更好的生活。他们两人将无意识思维称为“自动式思维系统”，将有意识思维称为“反射式思维系统”。

我们也用“自动式思维系统”来称呼无意识思维，用“反射式思维系统”来称呼有意识思维。只要你醒着，自动式思维系统和反射思维系统就都处于活跃状态。一般来说，你自动式无意识的思维系统，在生成印象、感觉、意愿和冲动方面发挥着主要作用。而反射式有意识思维系统则会遵从自动式思维系统的建议，除非受到意外干扰。

在你意识之外的思维系统比你以为得要强大得多，它对你的所有抉择和判断都有重要影响。你的自动式无意识思维系统，不仅影响着你的抉择，也左右着你的全部行为，很多时候甚至是你行为的唯一主宰。

著名心理学家西格蒙德·弗洛伊德（下文称弗洛伊德）首先让人们注意到了无意识的存在。弗洛伊德是研究潜意识最为有名的人，虽然他不是最先创造这个概念的人，可他是理论与临床方面研究潜意识的第一人。

著名心理学家帕卡德开启了在品牌营销上对潜意识的研究，他做过

图 1–3　西格蒙德 · 弗洛伊德

一个实验：他在商店里向购买咖啡的顾客询问了一系列的问题，如“你购买这一牌子的咖啡是出于什么原因？”“为什么这个牌子的咖啡对你来说更合适一些？”顾客回答：“我购买这个牌子的咖啡是因为它的气味十分芳香”“我购买这个咖啡是因为它的味道又苦又浓，味道很纯”“我购买这种牌子的咖啡是因为它的味道很新鲜”等，没有人提到咖啡的颜色问题。于是他试销了一种气味芳香、略带苦味、味道上乘、很新鲜但没有颜色的咖啡，结果这种没有颜色的咖啡在市场上根本卖不动。这个试验证明了这样一种道理：尽管人们都没有说明咖啡的颜色是购买咖啡的重要属性，但在潜意识中人们都会注意咖啡的颜色。因为咖啡本身具有特殊的咖啡色，在长期饮用咖啡时已经习惯了这种颜色，对咖啡颜色的记忆已经处于潜意识之中，这种潜意识记忆在无形中支配着人们的购买行为。

他又向购买肥皂的顾客询问了一系列的问题，如“你觉得这种肥皂的好处在哪儿?”“你购买这种肥皂的原因是什么?”……顾客回答他的问题时基本上是围绕肥皂的大小、香味、去污能力等方面。但是在他们实际购买肥皂的时候，帕卡德观察到这些顾客中有百分之七十的人都会掂一掂肥皂的重量，倾向于购买那些感到更重一些的肥皂，而在调查中谁也没有回答他选购肥皂时要考虑肥皂的重量，这说明顾客在潜意识中要根据肥皂的重量来购买肥皂。

正是因为顾客在购买商品的过程中存在这些潜意识，而且这些潜意识对于他们选购商品起着比较重要的作用，所以在研究顾客的消费心理时有必要研究他们的潜意识，从内心把握顾客的心理活动规律。正如前面的咖啡案例，如果不研究顾客的潜意识，那么咖啡厂商会认为咖啡的颜色不是很重要的因素。

著名心理学家卡尔·荣格（下文称荣格）沿着潜意识的脉络深入研究，最后发现了集体无意识的心理学成果，为我们的潜意识研究与应用迈出了更进一步。

著名社会心理学家亚伯拉罕·马斯洛（下文称马斯洛）认为人的潜意识都潜藏着七种不同层次的需要，这些需要在不同的时期表现出来的迫切程度是不同的，提出了著名的马斯洛需求层次理论。与此同时，俄国心理学家伊万·彼德罗维奇·巴甫洛夫（下文称巴甫洛夫）与伯尔赫斯·弗雷德里克·斯金纳（下文称斯金纳），通过“条件反射”的实验分别发现了“经典条件反射”与“操作条件反射”的运作原理。

弗洛伊德、荣格、马斯洛、巴甫洛夫、斯金纳的研究成果，成为品牌营销原力的理论根基。

心理学家、神经科学家和行为经济学家已经辨明了反射式有意识思维与自动式无意识思维的不同之处。表 1-1 总结了二者的差异。

表 1-1　反射式有意识思维与自动式无意识思维的不同之处

反射式有意识思维系统	自动式无意识思维系统
单一处理模式	多重处理模式
慢速而复杂	快速
能力较弱	能力强大
费力	轻巧
指向明确但懒惰	无指向性但始终活跃
持长远观点	关注眼前的事物
能够学习新任务	能从事经长期训练后已极为熟悉的任务

科学家们想到了一个测量自动式无意识思维的“带宽”，方法就是计算出有多少向大脑发送信号的神经连接，每个神经连接每秒又发送多少信号。例如，单是眼睛——视觉来看，每秒钟就向大脑传送 1000 万字节信息；触觉、听觉、嗅觉、味觉——加起来每秒向大脑传送超过 100 万字节信息。也就是说，我们的无意识思维系统每秒钟处理 1100 万字节由感官传达的信息。

不可思议的是，我们的反射式有意识思维系统仅仅能达到每秒钟 40 字节信息的处理速度。

或许，这两种思维系统在处理能力上的巨大差别使你忍不住质疑科学家们的评估是否精确。当然即便科学家们的评估结果存在误差，但我们不可否认，无意识思维的能力依然远远超过有意识思维。

生活中，你的自动无意识思维系统还负责把感官接收的大量信息转化为可被大脑理解的信息模式，从而让你能理解自己看到和听到的东西。无意识思维的存在，会影响到你生活中的方方面面。

例如，你会一边开车一边打电话吗（我希望你用无线耳机）？你是不是开了十公里路却没有意识到自己在开车呢？在这段时间里，真正的潜意识就是在开车。你无意识地做了一系列的动作——转弯、刹车、避开障碍，一路畅通地往前开。一直以来，你的意识忙于电话交谈，而没有意识到自己在开车。

一个有趣的现象是，我们复杂的有意识思维擅长思考问题并规划遥远未来，而我们的无意识思维只关注目前与当下的此时此刻。

生活中，尤其是女性，每次去逛街、逛商城经常购买大量的商品，而事后却发现很多商品都是多余的，根本没什么用。令人不解的是，消费者不会吸取先前的教训，而是屡逛屡购，无休止地购下去。因此，对于购物者而言，购物是一种感性占主导的行为方式，由仅仅关注即刻消费的无意识思维所指引。

在品牌营销领域，不论你想要策划鼓动他人采取某种行为，还是以某种商品行为替代他们原来的商品行为，你都必须与无意识思维（自发性思维系统）打交道，从无意识思维出发创建品牌的购买理由、购买指令，因为它主宰着消费者的行为冲动，对消费者的行为发挥着核心影响，在多数情况下都是你说服的主要对象。

Tips

1. 新经济时期，品牌营销原力创意是突破营销策略同质化的选择。

2. 品牌营销原力是品牌潜在的势，蕴藏在人们大脑的集体潜意识里。

3. “原力”嫁接到品牌营销创意上，就是超级创意。

4. 品牌营销原力是创意的触发按钮，是找到与消费者的共鸣点，直达消费者的内心。

5. 品牌营销原力的原理基础是“自动式思维系统”。

“成功的广告人必须懂得控制一般人的动机、欲望，并促使消费者对新产品产生欲望。”

——迪克特博士

消费者行为学认为：“营销学是一门试图影响消费者行为的学科。”为了把握消费者行为，一条逻辑是寻找行为的内在原因，心理学家和社会学家认为“需要”和“动机”是产生行为的基础和原因。需要、动机和行为之间存在着层层递进的关系，需要是个体由于缺乏某种东西而产生的心理或生理上不平衡的状态，它是消费行为的基础，当消费者希望满足的需要被激发时，动机就产生了，动机是行为的原因。

二、如何才能找到品牌原力

1. 找到原力，就是找到创意的播放按钮

试想一下，当你面对各种各样的洗发用品时，为什么选择甲洗发水而不是乙呢？当然或许有价格原因，但是，如果大部分洗发水的价格差不多，产品也差不多，而且高、中、低价格的品牌洗发水都有，作为一名普通的消费者，你会如何区分并实施购买行动呢？

其实，你在货架前的时候，干扰因素太多，如促销牌、导购员、场内电视广告、产品堆头等，而你也会随时走动，看这摸那，处于迷茫状

态。此时，其实你需要一个购买刺激帮助你做决策。

当然，在购买刺激后面，还有其他的信号。当这几个信号足够强，你的目光就自动地被这个“播放按钮”所吸引，你就会自动触及播放按钮，选购商品。

在谈什么是“播放按钮”之前，先讲一个故事：

一天，我接到一个曾经服务过的山东客户打来的电话，他开心地说道，他们在济南开的几个茶叶店生意不错，原因有点不可思议，他们的茶叶只是按照我的方法，将其中两款茶叶换成看起来很高档的外包装盒（当然是经过专门设计的），由于包装成本提高了，因此我们对茶叶进行了价格策略，相应地涨了价格，每盒比原来的价格高两百多，奇怪的是，这两款茶叶却是店里卖得最好的，尤其是中秋节、春节期间的销售根本供不应求。

其实这个客户说的这件事情主要是茶叶礼盒的“播放按钮”起作用，我们从雌火鸡的实验故事再来说明。

动物学家 M. W. 福克斯在 1974 年做了一个实验，生动地演示了雌火鸡对“叽叽”声的极度依赖性。实验用到了一只雌火鸡和一个臭鼬充气玩具。对雌火鸡来说，臭鼬是天敌，只要它一出现，雌火鸡就会嘎嘎大叫，用喙啄它，用爪子抓它。事实上，实验发现，哪怕就是一只臭鼬充气玩具，用绳子拉到雌火鸡面前，也立刻会遭到猛烈的攻击。然而，要是相同的充气玩具里装上一台小型录音机，播放火鸡宝宝发出的“叽叽”声，雌火鸡不光会接受臭鼬，还把它收拢到自己翅膀底下。录音机一关掉，臭鼬玩具又会立刻遭到猛烈的攻击。

雌火鸡在这种环境下的举动看起来是何等的荒谬：它热烈地拥抱起了天敌，仅仅因为对方发出了叽叽的声音；它虐待甚至害死了自己的宝宝，仅仅因为小鸡没有叽叽叫。它的行为像一台机器，母性本能全受一种声音的自动控制。

动物行为学家告诉我们，大量物种的规律性都具有盲目机械行为模式。而这种大量物种的规律性盲目机械行为模式，指引着人类的购物行为。这种不可思议的行为模式被巴甫洛夫定义为“条件反射模式”。

理解了这个原理，上文茶叶更换包装盒并涨价，销售反而很好的情况就很容易理解了。首先，目前的茶叶市场，除了铁观音、龙井、普洱、大红袍等品类品牌，别的知名产品品牌很少。大多数的茶叶购买者，更多的是买来送礼，所谓“茶”与“礼”，同为中国传统文化的精髓，具有最天然、最本质的内在联系——以茶为礼，以礼品茶。对茶叶的品牌认识较浅的消费者，他们用一套标准原则来指导自己选购茶叶：一分钱一分货，包装好就等于产品好，价格高就等于产品好。很多心理学研究表明，要是人们对所购物品的质量拿不准，就会使用这个选购标准。

因此，想买好茶叶的顾客，一看到包装有档次、价格有分量就觉得它们更符合“好”茶叶的标准，用于送礼更有面子，包装与价格两者成为质量的触发特征。

其实，人们都是在“一分钱一分货”的教条中成长的，更何况这条规则在他们的生活中一次又一次地应验过，形成了“包装好等于质量好”“价格高等于产品好”的印象。一般而言，物品价值高，价格也会涨，是人们潜意识中的固有思维。

再来看看中秋节、春节的茶叶销售为什么供不应求。因为中秋节、春节是中国人走亲访友的传统文化仪式，已经形成固定行为模式，年复一年，所有行为（中秋节、春节团圆）几乎都是按相同的程式发生的。

事实上，这种模式化的自动行为在大部分人类活动中是相当普遍的，因为很多时候，它是最有效的行为方式。我们生活在一个极端复杂的环境中，为了对付它，我们需要捷径。哪怕就是短短的一天当中遇到的每一个人、每一件事，我们也不可能把相关的方方面面都辨识出来。我们会频繁地利用首选经验，根据少数关键特征把事情分类，一碰到这样那样的触发特征，就不假思索地启动决策、并作出反应。

这种模式化的自动行为标准，就是让你一触即发展开行动的“播放按钮”，找到原力，就是要找到这个创意的播放按钮。

2. 创意的问题，从消费者身上找解决办法

品牌的存在就是解决消费者的问题，营销只是让消费者知道我们的品牌能帮他们解决什么问题。古人云：“解铃还需系铃人”，由此，创意的问题，需要我们研究消费者，分析他们的心理，以他们的身手找到解决办法。

从消费者潜意识出发，在心理学大师的研究成果之上，刘述文这厮从消费者身上发现了创意的三个品牌原力——动机原力、文化原力、诱因原力。将这三个原力嫁接在营销策略与内容创意的各个环节，就可以赋予我们巨大的能量。

◎ 从消费者内心的需求，发现“动机原力”

营销学家将“顾客需求”作为营销的出发点，并从市场的角度细分为“需要”“需求”“欲望”。洞察消费者需求，满足消费者尚未被满足的需求，任何时候都要在“以消费者为中心”的营销理念中，将心理动机当作品牌营销原力的一种资源。

动机的研究主要来自心理学，20 世纪初至今，动机理论的研究经历了从本能论、驱力论到双因素论等的发展过程，其中，影响最大的是弗洛伊德、马斯洛。

弗洛伊德对动机研究做出了重大的贡献，成为本能论的代表人物（之前有詹姆斯和麦克杜格）。他提出了人的心理结构部分之间的动力关系，不仅区分了本能的形式，还对本能如何起作用以及本能的能量作用等一系列问题做了详细论述。弗洛伊德本能论为动机研究奠定了基础。

在弗洛伊德本能论的基础上，马斯洛提出了“马斯洛需求层次论”原理——生理需求、安全需求、爱的需求、自尊需求和自我实现需求。其中，最低级的是生理需求，最高级的是自我实现需求。

基于生理的需要是有限的，基于心理的想要是无限的。动机原力以“马斯洛需求层次论”为理论基础，根植在消费者潜意识的“需要”与“想要”就是“动机原力”，我们要嫁接“动机原力”创建购买理由。

◎ 从消费者潜意识的原始意象，发现“文化原力”

营销传播有许多种定义，比如信息传递、意见交换、信息发送者与接收者之间达成共识的过程。这些定义说明，传播的实现是以一些条件为前提的：双方必须有一个统一的想法，信息必须从一个人传递到另一个人，或者从一个群体传递到另一个群体。

在消费者购物中，消费者需要一个明确的指令，按照指令选购需要的商品，来减少或消除未满足需要的这种紧张，这个指令是建立在文化主体意识之上的，被消费者识别、认知和认同的。

心理学家荣格在弗洛伊德研究的基础之上，提出了人格结构理论，把人格分为三个层次：意识、个人无意识和集体潜意识。荣格提出的“集体潜意识”中所描述的人类“种族记忆”或“原始意象”存在于文化主体意识中，即“一种从不可计数的千百年来人类祖先经验的积淀物，一种每一世纪仅增加极小极小变化和差异的史前社会生活的回声”。

这里的“种族记忆”或“原始意象”就是进化、沉淀在人类文化与灵魂深处的潜意识——“集体潜意识”，这些“原始意象”可以是自然启示、图腾崇拜、英雄传奇、神话传说、圣灵感召等力量，是符号创意，故事创意的根基，是文化原力。

无论是标识、广告语，还是广告视觉的或者听觉的、触觉的符号创意，都需要嫁接文化原力。

◎ 从消费者对事物的条件反射，发现“诱因原力”

生活中，你是否有这样的经历，你不知不觉地购买某种商品，过段时间便发现所购的商品并无大用，更让人吃惊的是，你下次还会一而再，再而三地犯，尤其是商品做活动（游戏、优惠、打折、促销等）时，你会更加欲罢不能。这一切是因为“诱因原力”所指引。

诱因理论认为行为在很大程度上由外部诱因牵引，而不是受内在因素推动。诱因理论关注外在刺激、强化作用如何引导行为的发生。诱因理论主要包括巴甫洛夫的经典性条件反射与斯金纳的操作性条件反射理论。

诱因理论建立在假设基础之上——行动着的个体知道他的行为将有什么后果，积极诱因（人们希望得到的）包括食物、爱情、名誉等，消极诱因（人们希望避免的）包括痛苦、焦虑、挫折等。

巴甫洛夫提出的“条件反射模型”，是指一种由固定程序的条件作用建立的暂时联系系统——条件反射系统，也可以说是大脑皮层对特定刺激形成了自动化的反应。行为主义心理学之父约翰·华生在巴甫洛夫条件反射的影响下，提出了“刺激—反应学习”原理，并将这个原理大量运用在广告实践中。

斯金纳提出的可以通过学习而养成反射习惯的“操作性条件反射”

原理，是指通过操作性学习，人或动物可以养成某种行为的条件反射。根据这个原理，消费者通过学习是可以建立购买刺激的。

嫁接诱因原力，在整合营销中我们可以将购买理由、购买指令组织成有计划的购买刺激，成为促进品牌销售的临门一脚。

3. 嫁接原力打开品牌营销的三个播放按钮

◎ 消费者买点嫁接原力成为“购买理由”

当你想购买某一类商品的时候，当你主动搜寻品牌或者产品信息的时候，消费者的买点更直观，我们能够给出他们所期待的理由。

为什么提出消费者买点的概念，与“产品导向”观念的卖点不同，买点是强调“消费者导向”的观念，卖点不一定是消费者所看重的，而买点必定是消费者所需要的。消费者买点的创意应该区别于其他品牌的利益点诉求，聚焦于消费者尚未被其他品牌解决的冲突而设计，成为品牌的购买理由。

提倡消费者买点概念，并将其升级为“购买理由”，是因为消费者选购一件商品，并不限于某一点，例如选购美容仪器，除了速美的功能，还有其他的理由（产品服务、产品尝鲜、产品升级、包装换新、货架陈列等）都可能成为购买理由，当这些理由呈现在消费者面前，其选购按钮就会自动播放。

正所谓：“消费需求是个坑，购买理由才是真”。购买理由建立在产品价值之上，唤醒并嫁接消费者的“动机原力”，将消费需求转化为购买理由。

◎ 创意表达嫁接原力成为“购买指令”

在营销传播中，没有好内容创意，你的策略再好也不能有效落地。

不仅花了预算得不到预期回报，甚至错失时机。

如果从创意表达来看，任何一个内容创意，都有各式各样的表现方式，例如光图片就千变万化，据说阿里巴巴所发明的鹿班智能设计软件，几分钟时间就可以快速生产海量的内容创意，包括海报、店铺页面等。文字更加不用说，在人工智能下，文字创意的生产能力简直快得惊人。

尽管有那么多的智能软件，可是创意表达的核心还是要发挥人脑的能动性。营销传播是个去粗取精的简化过程，必须建立在购买理由之上，通过嫁接消费者的“文化原力”形成符号指令和故事指令，这两种“购买指令”就是消费者购买的播放按钮。

总之，无论是符号创意，还是故事指令策划，刘述文这厮提醒你的是：创意表达的目的并非都是为了创意，而是为了通过创意形成“购买指令”，为了让消费者不经意地按照指令选购商品。

◎ 信号发射嫁接原力成为“购买刺激”

营销传播就是发信号的过程，信号刺激需要按照一定的规律、秩序、频率，形成可操控的消费者购买行动。

信号发射的策略在于消费者如何接收讯息，唤醒“诱因原力”而形成“购买刺激”。

在购物过程中，一旦某些“条件”刺激，就能让购物者的反射成为“购买刺激”，并触发“购买指令”，产生购买行动。

为了嫁接“诱因原力”，整合营销成为强化“购买刺激”的主要手段。激活消费者的冲突神经，让消费者购买或重复购买。这也是为什么企业屡试不爽地用活动、促销、游戏等方式不停刺激消费者行动的原因。

4. 原力创意的头脑风暴方法：六帽子思考法

做任何事情，都需要遵循一定的方法，品牌营销也一样。为了快速找到原力，并创意“购买理由、购买指令及购买刺激”，刘述文这厮推荐“六帽子思考法”。

“六帽子思考法”（帽子有六种颜色：红、黄、黑、绿、白和蓝）由英国创新思维之父爱德华·德·博诺博士（下称博诺博士）创建，该方法强调从不同角度思考同一个问题，客观地分析各种意见，最后作出结论。

六顶思考帽子的主要价值在于提供了“平行思维”的工具，避免将时间浪费在互相争执上。按博诺博士的说法，“六帽子思考法”是教给你对自己的思维进行管理并开发创造性思维的一种方法。“六帽子思考法”使你思考的不同方面分开，这样你可以依次对问题的不同侧面给予足够的重视和充分的考虑。以下是具体做法。

白帽：象征中立、客观，以事实、数字等信息或资料为焦点，它是一种获取信息的技巧。当戴上它时，思考者本身只专一地考虑和资讯有关的东西，“想一想我们对这个市场的情况知道多少?”是白帽子的一种思维逻辑。

红帽：象征情绪、预感、直觉，以个人的感觉、价值观等感性为焦点，它强调了在抉择时情感直觉的意义，感觉往往是不可以被分析的事实和逻辑，这是基于以往经历中的丰富经验产生的。“告诉我们你的感觉如何?”成为红帽子的经典提问。

黄帽：象征乐观、前瞻或希望，它以找出、列举价值所在为焦点，是一种评估的实用逻辑。它是一种实用逻辑性的正面探索方式。“看看这个提议有什么利益吗?”这就是应用黄帽子思考法时的一种做法。

黑帽：象征冷静、反思或谨慎，以探索“真不真实”“适不适合”“合不合法”等逻辑为探究焦点，是一种谨慎逻辑性的负面探索方式。“让我们想一想还有哪些危机?”这便是戴上黑帽子的一种反思。

绿帽：象征创新、改变，以求变通之道、新突破为焦点，是创造性解决问题的基本工具。它不需要建立在逻辑的基础上。当然这个颜色的帽子在中国有着特殊含义，于是建议称其为翡翠帽或孔雀帽。

蓝帽：象征整体观及控制，以监控及指挥六顶帽子的应用为焦点。它是一种变换认知，一种有效主持会议不可缺的技能。蓝帽子计划和控制思考，并尽力寻求最佳的方案。“我们需要用蓝帽子来列明我们应该做些什么”不失为一种简单而有效的思考之道。

◎ 鲜果漾：年轻就要这个漾

鲜果漾以提供鲜切水果为主要产品，是中国蛋糕第一连锁品牌幸福西饼旗下的鲜切水果品牌，我们通过“六帽子思考法”创建核心购买理由：

为了让活动顺利开展，确保讨论会高效，由蓝帽子担任主持人角色。在广告公司，通常让 AE（客户经理）做蓝帽子角色，蓝帽子以事实为基础，需要将他在鲜果漾那里得到的一切信息向项目组的成员汇报。

蓝帽子要深知，定位购买理由要遵循严格的结构化，从消费者洞察中找到解决鲜果漾购买理由的核心问题，并对达到最优效果的策略进行深入讨论，同时，在这个过程中，对消费者调研的分析、理解非常重要。

接着是白帽子，白帽子要全方位了解市场情况。在业态竞争方面，国内鲜果切市场经过近几年早期商家的教育与引导，已经日渐成熟，传统的电商水果有百果园、花果鲜、每日优鲜、果唯伊、米柚生活，鲜切水果有顺丰优选、甘草水果、叹果、御果等。在消费者方面，随着人们生活水平的提高，消费者对健康、环保、品质生活有更高的需求，口红效应只是眼下众多消费心态当中的一种，它主要是为鲜果切产品的走红创造了一定的可能。

红帽子可以告诉我们：因为不同的目标人群有着不同的生活体验，他们倾向于接受和他们的价值观念相应的表达方式、活动形式。消费者追求健康、品质生活、个性化等认知的提升，对鲜切水果品牌来说，现在入市正是时机。

黄帽子说，鲜果漾塑造以鲜果切水果为核心品类的生活方式提案商，第一个差异化是“鲜”，借助幸福西饼的线下渠道，以及辐射全国的供应链体系、海量的卫星工厂，形成独特的竞争优势。第二个差异化是“漾”，即年轻族群的年轻形态和潮流生活方式。

黑帽子说，鲜果漾会面临哪些危机？消费者方面的？竞争者方面的？

绿帽子最后回答“谁来买？买什么？有何差异化？”这三个问题，并定位购买理由。

从消费者左右脑出发，鲜果漾要从渠道和品牌差异化两方面解决未来所面临的危机，以崇尚个性、年轻活力、追求品质与潮流生活方式的年轻群体为目标人群，打破了常规的以年龄为参考指标的方式。锁定了“年轻心态”核心词汇，嫁接这个动机原力，提出了“年轻就要这个漾”的购买理由。

从鲜果漾的“六帽子思考法”可以发现，讨论与思辨互为一体，创意和策略难舍难分。“六帽子思考法”清晰地指引我们创建一个绝佳的购买理由。

Tips

1. 品牌营销创意需要播放按钮的开关，找到原力，就是找到创意的播放按钮。

2. 品牌营销原力来源于消费者潜意识的动机原力、文化原力、诱因原力。

3. 嫁接原力打开品牌营销的三个播放按钮：购买理由、购买指令、购买刺激。

4. 品牌营销原力创意的头脑风暴方法：六帽子思考法。

第二章　找到动机原力，创建购买理由

具有价格优势的品牌可能被简单地廉价出售，具有性能优势的品牌可能受到技术开发的束缚。但是，具有情感优势的品牌可能具有永久的市场潜能。

——《了解品牌》

人有需求，才有消费。消费者选购产品，表面上他们在意的是产品提供什么价值，而事实上他们真正在乎的是产品提供的价值能够满足自己什么心理需求。消费者的需求分为需要和想要的欲望，品牌的欲望建立在与消费者的情感沟通之上。消费者的需要是有限的，而这些需要并非是营销者所能创造的。人的欲望是无限的，这些欲望是营销者所能创造的。

一、动机原力来自哪里

1. 动机原力：来自消费者的心理需求

消费者的需要是有限的，并且它不受外界环境的影响，不能被营销者所制造；但人的想要却是无穷的，因为人的精神世界是一片广阔无边的天地，人的心理需求是极其丰富而永无止境的。人的各种需求不断产生，同时不断地得到满足，而新的需求也随之不断出现。想要受外部环境的影响，会不断地被激发出来，而这恰恰是营销者的机会所在。

我们通过"马斯洛需求层次论"来搞清楚消费者的内心需求结构是怎么回事。

马斯洛需求层次论的核心内容分为："生理需求与安全需求、尊重需要、社会需要与自我实现"。

其中，"生理需求与安全需求"是消费者生活中必要的基本需求，也是必须要满足的，比如衣食住行，衣服满足遮体和避寒，食物满足腹饱等。

而"尊重需要、社会需要与自我实现"是消费者更高级的情感需求。情感需求来自消费者精神上的富足，比如衣服满足美观、时尚，奢侈品满足尊严和社交，跑车满足刺激，钻石满足爱情等。

马斯洛解释了不同层次的需要是如何得到满足的，概括起来有如下要点：

第一，不管是较低层次的生理需要，还是较高层次的自我实现需要，消费者可能有一定程度的意识，也可能没有意识。

第二，生理需要和安全需要是消费者最基本的需要，一般来说，当最基本的需要没有得到满足时，这些需要会产生强大的驱使力来满足最基本的需要。

第三，随着生活水平的提高，消费者的需求也逐步发生变化，由单一的基本需求上升到更高级的欲望。

通常来说，消费者对物质需求是较容易化解和调和的，而对欲望的情感需求则较难调和，因为情感需求来源于精神且高于精神，其背后往往有信仰、思想等诸多原因。当单一的产品与这种更高级的情感需求——欲望有某种不可调和时，如果你能够使其平衡，就能解决消费者的内心需求，成为消费者青睐的品牌。

图 2-1 亚伯拉罕·马斯洛

◎ 马斯洛五个层次的需要，必然要以具体的商品形式来满足

满足生理需要所消费的商品，包括食品、饮料、服装鞋帽等。生理需要是人们最基本的需要，所消费的商品不仅数量大，而且是永久性需要，商品供应必须绵延不断，这就为食品、饮料、服装等行业的可持续需求提供了动力。

满足安全需要所消费的商品比较复杂，如为了个人安全而购买的自卫防身用品，为了保护家庭财产而购买的防偷防盗保安用品，为了得到人身与家庭财产的安全感而购买的人寿保险与家庭财产保险等，这些市场的规模都比较大。

归属与爱的需要反映在人们交朋结友、参与社交活动，以及赠送礼品、娱乐消费等方面。生活水平日渐提高，生活节奏越来越快，人际交往的需要更加强烈，这类商品市场的发展空间就越来越大。

满足自尊需要而消费的商品，包括美化自我形象的美容化妆品、服装服饰品、名牌名贵商品、稀有商品等。这类商品必须具有这样的特点：一是消费者因为商品的知名度高而提升自我的知名度；二是消费者拥有这种商品之后显得与众不同、形象突出；三是消费者能从中获得独一无二的情感体会。

在描述自我实现者的特征时，这类消费者所消费的商品也可能具有独特性。例如，为了实现自驾游方面的潜能，消费者必然购买与自驾游有关的汽车、汽车用品、摄影器材、自驾用具等；通常，一些普通消费者购买专业性商品，多数是为了满足自己在某一领域的兴趣与爱好，是一种个性满足的需求。

◎ 需求层次对创建购买理由的启发

第一，消费者的需要分为高低不同的层次，生理需要和安全需要是最基本的需要，与我国古代“衣食足而后知荣辱”的思想不谋而合，消费者只有在满足了吃饭穿衣等最基本的需要之后，才会考虑到更高层级的需求。

第二，五个需要层次是一个动态过程，当消费者的基本需要得到了一定程度的满足之后，必然会出现高层次的需要，并需要高层次的商品。例如，当消费者的基本需要已经得到解决，那么对于自尊、社会交往的需要就会增强，而事实上，许多消费者需要更丰富的娱乐形式，更加丰富的感情交往，这些需要给文化、娱乐社会交往等市场的发展提供了契机。这也就是为什么近些年“发烧”级产品的特定商品广受消费者青睐，以及各种娱乐类栏目火爆的原因。

简单地讲，与生理需求相对应的是“需要”，而与更高层级的心理需求相对应的则是“想要”。生理需求是先天的、不学而能的、靠遗传获得的，而心理需求则是人在社会生活中学习的产物，是后天习得的，因而也是可以改变的。

2. 动机原力存在于消费者的左右脑里

大脑是人类完成智力活动的物质基础，我们是通过大脑进行思考、作出决定的。我们的大脑分为左右两个半球，左脑掌管语言和逻辑，而右脑掌管形象与情感。简单地说，左脑的主要功能是理性思维，右脑的主要功能是感性思维，而更进一步的研究结果显示，情感导致行动，而理智则导致推理。

人们常常以智商、情商的高度来划分大脑的聪明程度。1967 年，心理学家罗杰·佩里实验发现：大脑的两个半球相对独立工作，各有各的分工。其中，左半球更擅长语言、写作、数字运算、阅读等方面的事，是人的语言中枢，掌控理性认知；而右半脑在符号推理、艺术活动和解决空间关系等方面更具有优势，掌控感性认知。任何一个具体的日常任务，都需要两个半脑的共同参与，购物也一样。

科学家明确人的左脑右脑并存，并且有着一定的差异，而我们在分析消费者的时候也无法对单个消费者进行解读，不能将消费人群机械地分为左脑使用者和右脑使用者，而是需要用立体整合的眼光看待每一个消费者。

◎ 从左脑——逻辑思维寻找理性动机原力

生活中，我们的常规教育以“理性思维”为主，注重对左脑的开发。左脑思维锻炼，使我们的逻辑思维能力、预测能力、精准判断能力越来越强大。

人类是个“算计”的世界，从上幼儿园开始，我们就开始学习运用左脑思考，主管技能、事实、理性思考、逻辑；到了小学更要把注意力放在读、写、算术上，甚至高考更看重左脑技能测验，偏重规律性、常识性、逻辑性等固化的思维教育，大部分的孩子在十二岁之后，在追逐理性逻辑安全感的道路上，逐渐放弃了对未知世界的探寻和好奇心的守护。

研究表明，模糊的形容总是给人不安全感，而具体的数字能消除这种不安全感。

对于“理性主义者”而言，他们追求理据，数字就是一切。不要告诉他珠穆朗玛峰很高，他想听到的结果是 8848 米；不要告诉他我们在一起很久了，他想听到的结果是一千零一天三小时。同理，不要告诉他这盘沙拉有很多水果蔬菜，他想知道能否减掉 1000 卡路里；不要告诉他手机成像很厉害，他想知道手机像素是 200 万还是 2000 万。因此，当顾客没有理由信任你时，公开的数据就是最有说服力的购买理由。

在左脑思维中，如果说“我们降低了价格”，那么不会产生任何影响，如果说“我们的价格降低了百分之三十”，这个宣传就有很强的实际效果。

俗话说：“领先一步是先驱，领先两步成先烈。”我们的最大营销成本是时间成本，是因为我们的品牌需要花时间来教育市场，需要一段时间改变消费者的固有认知——消费者对品牌的理性判断。品牌离人们固有的理性逻辑越远，则越难说服消费者购买。

我们常用逻辑思维思考产品的功能，能解决什么问题，都是为了使购买理由符合消费者的思考方式，说他们想听的，才能启动他们的左脑播放按钮。

◎ 从右脑——情感欲望寻找品牌感性动机原力

从情感欲望的右脑感性思维出发，是洞察超级购买理由的另一起点。艺术、音乐和体育的教育，就是训练右脑所主导的感性思维。想象力比知识更重要，充分利用我们的右脑，用想象力洞察到购买理由，才能无限发挥我们的成长空间。

对于“情感主义者”而言，他们追求情绪，相信快乐就是一切。不要告诉她这个酒精含量是多少，她想要的是尽兴就好；不要告诉她这个饮料含有什么成分，能让她充满激情就好；不要告诉她这个菜是什么烹饪方法，能让她吃得爽就好；不要告诉她这个食品有什么元素，能让她开心就好；不要告诉她这个车有什么动力，能让她喜欢就好。因此，要从顾客的“心”出发，以情动人就是最有说服力的购买理由。

右脑发达的人在知觉和想象力方面可能更强一些，而且知觉、空间感和把握全局的能力都有可能更强一些，在各种动作上相对更敏捷一些。右脑不拘泥于局部的分析，而是统观全局，最重要的是具有创造性思维——大胆猜测而跳跃式地前进，达到直觉的结论。

摆清事实，讲清道理，你自信地大声向消费者呼喊“我更好！我更强！我更棒”，但在产品高度同质化时代，这种表达方式已行不通了，消费者已视若无睹，要吸引他们，你得拿出更强大的武器，而右脑感性思维就是绝密武器，为你说服他们提供更多可能。

在右脑思维的传播语境中，吸引消费者的最佳方式是讨好他们，你应该以情动人，尤其对女性消费者，例如手机那些参数，实在是很难有感觉，手机就是用来打电话、发微信、玩社交和拍照的，她们不想听那么多的数字。

站在消费者左右脑的维度来看，产品在品质和功能方面如果不能很好地满足消费者的物理需求，那么消费者在选购中，很容易经过简单的理性推理就将其舍弃掉；而在同质化产品泛滥的今天，如果购买理由不能触碰到消费者的内心，则会遭到他们情感上的拒绝，不能形成购买的决定。对于一件商品，它既要能够满足物理需求，经得起他们理性的分析与判断，还要能够在情感上满足他们的心理需求。

品牌不是高居庙堂的圣物，成功的营销是品牌与消费者恋爱的化学反应过程。品牌与消费者谈恋爱，情感说服比理性说服更为重要。因为情感是激活人们与生俱有的潜意识，最快捷地形成自动式意识。

3. 小动机原力满足产品需要，大动机原力满足品牌想要

黎巴嫩作家纪伯伦曾经写过一个寓言故事："一个人从自家院里挖出一尊大理石雕像，卖给一位收藏家。这个人暗自窃喜——一块破石头，居然卖了那么多钱；而收藏家也欣喜若狂——如此精美的一件艺术品，居然仅仅花了几个钱就得到了。"这个故事告诉我们：一件物品的价值并非取决于它的劳动量，而是人们对它的主观评价。

你是否在生活中发现一个现象，同样材质（产品规格有表明材质、成分）的一双鞋，有品牌标签比没有品牌标签的价格要高很多，比如贴有耐克的标签，售价要高得多。

知名时尚品牌创始人皮尔·卡丹先生说："同样的服装，同样的西服，没有品牌的西服和皮尔·卡丹去比较，你可能情愿多花几千块钱买它，而事实上穿在身上跟没品牌的也差不多，但是这里边有一个情感价值在里面，这就是消费者的消费心理决定的。"

这里的情感价值能够勾引起消费者想要的欲望。无论营销理论如何转变，产品永远是最为重要的要素之一。产品的本质是解决消费者痛点，所有的产品都是为了解决问题而存在。我们的产品创意、产品研发、产品设计无一不是从核心功能出发，通过解决他们的痛点，从而捕捉属于自己的市场机会。

简单来说，哪里有痛点，哪里就有问题，哪里就有需求。关于需

求，前面的“需求理论”已经讲了，下面我们来谈谈消费者的欲望。

鲍德里亚在《消费社会》一书里曾说道：“消费主义指的是，消费的目的不是为了满足‘实际需求’，而是不断追求被制作出来的、被刺激起来的欲望。”消费者有了欲望，产品才能真正成就一个伟大的品牌。

著名广告人大卫·奥格威先生认为：“品牌就是消费者对某品牌感受的总和。”用大白话说，品牌就是对某商品的瞬间联想，这个联想更多的是整体感受，品牌想要的欲望通过品牌感受来表达，当然也包括对产品的体验。

某种程度上，品牌是一个营销概念，启程的是产品事实，抵达终点站的则是品牌感受（如表 2-1 所示）。

表 2-1　产品指向事实和品牌指向感受的区别

产品指向事实	品牌指向感受
物质及技术的概念层面，对应了消费者物质层面的需求，以及对产品功能的使用经验	精神及情感的层面，对应了消费者精神层面的需求，以及对产品的全方位体验个性
-有形的 -摸得着 -感觉得到 -看得见 -有外在属性 -有风格式样 -特性、价格 -满足消费者对其功效和价值的期望 -但这些只是产品特点	-可贵 -信任 -信心 -朋友 -定位 -符号等 -满足消费者对符号或抽象情感的欲望 -对产品或服务使用的共享经验

在产品高度发达的今天，产品满足消费者生理需求、物理需求的能力差别微小，小到对消费者购买决策的影响微乎其微，因为消费者的这个需求并不大，我们称之为“小动机原力”。而心理欲望则不然，来源于精神且高于精神，其背后有宗教、理想等诸多原因，消费者想要的欲望是无限的，我们称之为“大动机原力”。一方面，人的心理需求受外

部环境的影响，作为营销者，你有空间对其进行塑造；另一方面，在心灵上的情感占据很难被替代，因为人们都有一种要做到和过去的行为相一致或是刻意不一致的愿望。

刘述文这厮认为，同质化的现象是既有的客观事实，我们要做的是，协助消费者辨认产品物理性相同的不同品牌所代表的意义。在无边界的消费者欲望里，激发他们高层次的欲望，让他们心甘情愿地购买。

消费者因为产品而和你产生关联，因为品牌而喜欢你的产品，愿意付钱购买你的产品。消费者在选购商品时，会出于物质需求（产品事实）和精神欲望（品牌感受）的两大需求。物质功能和精神满足作为品牌的二元性，是一对对立统一体，共同刺激着消费者的购买认知，满足了这两个层面的需求，就能完整地解决他们的购买冲突，赢得他们的欢心。

消费者注重商品满足他们的使用价值需求，更注重他们在精神层面得到想要的欲望满足，这也是为什么有些人不惜金钱代价要开奔驰、宝马，甚至宾利，手表只戴劳力士、百达翡丽的原因。

刘述文这厮来总结一下，小动机原力满足产品需要，产品真相是满足消费者理性痛点；大动机原力满足品牌想要，品牌真相是唤起消费者心中的感性欲望，这个欲望必须高于产品本身的属性，与消费者建立更深层次的情感维系。近几年很多炫、酷、潮、特的小众品牌异军突起，就是切合了消费者的欲望。

4. 动机原力要考虑的“三个考量”与“三个风险”

成功品牌的本质力量是人性，遵循人性才能造就伟大的品牌。洞察的人心本质，一直以来就深藏在人的心里，不疾不徐，不紧不慢，等着有一天被挖出来，暴晒于天下。按照人性建立的品牌才能持续下去。

人人都有需求，人人都是消费者。人类的本性是追求内心无限的欲望。在真善美的召唤下，伪恶丑的人和事不断地减少，社会变得更美好，品牌背后的表达永远是品牌成长的不竭动力。正如你总是渴求买到正品的品牌，你乐于参加各种品牌举办的慈善、公益活动，体现善良之心，并不厌其烦地购买化妆品，甚至整形，其实你追求的是美丽的梦想。

刘述文这厮在此要说，无论是跳蚤市场的大妈，还是高端商场的白领，购物过程中都会有“三个考量”与“三个风险”。

当我们在营销一个品牌的时候，要清楚地了解是谁买、如何买、何时买、在哪里买、为什么买。因为只有真正了解消费者会对产品的特性、价格、广告诉求等做出什么反应，才能比其他竞争对手更占优势。

对消费者而言，在选购一个品牌时至少会有三个考量：

（1）产品的品质

关于产品品质，消费者主要考虑的是他所付的价钱是否能够物有所值，这个商品的物理功能能否满足他在产品功能方面的需要。

（2）品牌的内涵

关于品牌的内涵，即指这个品牌是否能代表我个人的价值观。俗话说“好马配好鞍”，这牌子适合我这样的人吗？它符合我这个人的气质吗？能否表达我的品味？当然，若是能够物超所值，彰显我的判断能力是更好的。

（3）增值的服务

增值的服务，是指我能否期待从这个品牌中得到超出预期的价值。所谓超出预期的价值并不完全是指售后服务而已，这包含了理性的和感性的、硬的和软的、临时性的和经常性的价值。例如，能否让他人对我刮目相看，觉得我的品位超凡脱俗，满足自我实现的光彩；有其他类似专属会员的服务；有优先权等。凡是带给消费者惊喜、贴心、感人的感受，都能强化消费者的选择决心，使其用行动回报品牌。

另外，消费者选购一个品牌时至少会有三个风险：功能性风险、社会认同风险和自我实现风险，这三个风险在消费者心中，应该是同时存在的，通过优先顺序的排列，总有一个风险会凸显在第一位。营销者也可以做这样的解释，即：影响消费者购买动机的最大因素必定是这三个风险中的任何一个，用这个风险，再逐步深挖消费者的心灵空间，作为品牌购买理由的走向，提供一个与消费者产生共鸣的承诺与诉求，建立有利的平台。现在以服装做例子说明上述观点。消费者在购买一件衣服的时候，会根据自身的情况和处境，对这三个风险进行权衡。

（1）功能性风险

所谓功能性风险，就是产品能否满足消费者对产品的功能性要求，亦即产品能否帮助消费者真正解决一些实际的问题。“我买的这电动车能否在我外出的时候满足远距离续航?”消费者在购买产品的时候，总会有类似的考虑。

很简单，如果经济拮据，自然对产品品质和功能性风险比较重视。所谓的衣服御寒则已，要么是没有足够的经济能力，要么是精神上过于高尚之士，根本对物质需求极其简单，自己本身就对穿什么衣服更美、戴什么帽子更漂亮全然无兴趣，也不会顾及别人的态度与看法。

比较现实地讲，对于消费者来说，如果要去满足功能性的需要，他会考虑面料是不是够结实，穿在身上是不是合身，是不是够舒服，冬天买一件棉袄，穿在身上要暖和，他完全以实用为尺度，不太会去顾虑是否符合时尚流行、式样是否新颖等。

（2）社会认同风险

所谓社会认同风险，是指消费者在购买、使用这一品牌产品的时候，是否被周围的人们认可，是否不会招致反感、非议或者讥笑，能否让大家觉得我是属于这个集体的，使用这一品牌的产品能否帮我建立一种归属感。

在购买一件衣服的时候，消费者如果要取得社会认同，他会去购买在他的生活圈子里能得到大部分人认同的某一品牌的服装。这个时候考虑的重点是，我穿上这件衣服，别人会怎么看我；办公室的同事会不会觉得我太土、太不入流，老板会不会觉得我太疯、太轻浮，朋友们会不会笑话我太寒酸等。

（3）自我实现风险

所谓自我实现风险，是指消费者在购买和使用某一产品或品牌的时候，是否能够造成自己心理的满足，彰显飞扬的自我，满足炫耀的快感，甚至让自己感觉良好，高人一等。例如我们买一件衣服穿，一方面是让大家看了觉得舒服，另一方面就是我本人穿在身上是不是感觉良好，它能否满足我个人的审美取向，能不能表达我的个性。

如果要去满足自我实现的需要，我会去购买一套式样独特的服装，去买一件自己觉得漂亮的衣服以彰显个性，而对于这套服装是否面料质地很好、做工是否精致等不会过分在乎，别人对他穿这件衣服的态度也退居其次——老板不喜欢没关系，同事们指指点点也全不理睬，我就是要特别，就是要有个性，我就是我，不一样的烟火。

可以这样说，这三个风险与前述三个考量是相互呼应的，三个考量是消费者在评估其需要承担的风险后的综合性的决策。只是三个风险比较内在，是消费者内心深处的顾虑，不大容易外露。

我们不可否认，消费者是聪明的，因为消费者要从口袋里掏钱买这个东西，他是要冒风险的，他一定算得比谁都清楚。一个产品能满足他哪方面的需求，能给他提供什么样的功能，能满足他的哪一种心理，他都非常清楚。无论购买动机的出发点是什么，说一千道一万，最终让消费者内心深处纠结的，应该是如何规避风险。

所以说，作为营销者，我们要关注的是：决定消费者购买动机的最大因素必定是这些风险中的任何一个，而这个风险将决定品牌购买理由的定位方向，从产品的物理特点出发，找出符合特定群体的消费者的心理期望值，并去满足他们。

伟大的品牌总是立足现实，激发正能量，品牌打造的是基于人性的共同信仰。当人类充满暴怒，品牌需要赋予快乐；当人类充满丑陋，品牌需要赋予美好；当人类贪恋食物，品牌需要提供美食；当人类充满懒惰，品牌需要灌注激励；当人类充满贪婪，品牌需要赋予正义。

人类的幸福依赖于具体的某事某物，依赖沉浸其中的感觉，因此你会在香烟中愉悦，在品茶中体味禅静，在美酒中酣醉，在驾驶中感受速度，在咖啡中感受下午时光，在日常生活中感受生命长河。

Tips

1. 动机原力：来自消费者内心的心理需求，依据是“马斯洛需求层次论”。

2. 动机原力存在于消费者的左右脑里：从左脑——逻辑思维寻找理性动机原力；从右脑——情感欲望寻找感性动机原力。

3. 小动机原力满足产品需要，大动机原力满足品牌想要。

4. 动机原力要考虑的“三个考量”与“三个风险”。

“夫未战而庙算胜者，得算多也；未战而庙算不胜者，得算少也。多算胜，少算不胜，而况于无算乎。”

——《孙子兵法》

这段话是告诉我们在战争尚未开始之前，就要进行周密的筹划。对战争双方各自有利或不利的情况了解得越充分，就越能掌握战争的主动权，最终赢得胜利。在品牌营销的心智攻略中，购买理由是重要的导购策略，也要进行周密的筹划。我们从消费者的心理出发，在消费者心智货架中为购买理由定位，借势动机原力，规划好商品的购买理由，通过这个理由直达消费者的内心追求，指引他们对品牌分门别类，帮助他们做出选择，鼓励他们采取购买行动。

二、嫁接动机原力，创建购买理由

1. 为什么需要创建购买理由

消费者购物为什么需要理由？是因为他们需要一个“因为”。有一个众所周知的人类行为原则：我们在要别人帮忙的时候，要是能给一个理由，成功的概率会更大。因为人就是单纯地喜欢做事有个理由，社会心理学家艾伦·兰格通过实验证明了这个事实。

人们排队在图书馆里用复印机，她请别人帮个小忙，她说：“真不好意思，我有5页纸要印。因为时间有点赶，我可以先用复印机吗？”提出要求并说明理由真是太管用啦：94%的人答应让她排在自己前面。她也试过只提要求：“真不好意思，我有5页纸要印。我可以先用复印机吗？”这么说的效果就差多了。在这种情况下，只有60%的人同意了她的请求。

乍看起来，两次请求的关键区别似乎在于，前一次的请求里给出了额外的信息，“时间有点赶”。然而，兰格又尝试了第三种请求，证明发挥作用的地方不在这儿。奥妙并非是说明什么原因的整句话，而在开头的那个“因为”上。

兰格的第三轮请求里并没有包含一个叫人顺从的真正原因，只是用了“因为”，接着便把明显的事实又重复了一遍。她是这么说的：“不好意思，我有5页纸要印。我能先用复印机吗？因为我必须印点儿东西。”结果，差不多所有人都同意了（93%）——虽说这个请求里并没有真正的原因，它没有补充什么新的信息能说明他们照着兰格的话去做是合理的。

“因为”这个词触发了兰格实验里受试者们的自动顺从反应，哪怕兰格根本没有给他们一个说得通的理由。给出了“因为”这个词，受试者们就自动顺从了。在品牌营销中，你也需要一个这样的“因为”，也就是购买理由，让消费者不经意间顺从你，选购该商品。

营销是引导消费者掏钱做出购买行动的决策行为，实质就是你要给出充分的购买理由，在他心中创建一个或者多个采取行动的购买理由，使其难以拒绝、自动完成购物行动。

心理学研究表明，消费者行动需要正确的刺激。这个正确的刺激便是你给消费者购买理由，让他们迅速地采取购买行动。通俗地说，商品贵不贵不重要，关键是你要给他们买你东西的理由，为什么你的东西贵，为什么值得买，你这个理由足够大、足够强，就能让他们买你的商品。

消费者选购某件商品，是一种思想决策行为。你的品牌之所以深植人心，是因为它承载着一个能与消费者产生共鸣的购买理由，你的这个购买理由必然能够解决人类欲望和现实之间的冲突，同时区别于竞争对手，并代表了核心消费人群内心的欲望所在。

营销传播就像一个忙碌的推销员，他可能一次又一次地想进到那个房间去，也可能会被拒之门外，现在他只有一次进去说话的机会，所以必须充分利用这次机会。

这又引出关于信息简洁的问题，关于营销传播，你应该听得最多的说法是人们不会读太多的东西，因为人们的心智模式不允许信息混乱，尽管如此，大量有效力的广告显示，人们还是读了很多，然后，他们还可能会打电话，或者到店来了解更多的信息。

从营销传播角度来说，购买理由是一种心理上的打动机制，在传播语境上，你要用话语来传达、来沟通。用大白话讲，你的购买理由要聚焦到一句话上，这句话一说出，消费者的心就会被触碰到、被打动。“钻石恒久远，一颗永流传”就是很棒的购买理由，就能打动消费者。

记住，你所面对的消费者都是自私的，就像我们自己一样，他们不关心你的利益，只会为自己寻求服务。然而，营销界忽视这一事实却是一个普遍存在的错误，营销传播时说：“买我的牌子吧，买别的厂家的不如买我们家的”，这是最不受欢迎的表达方式。

营销传播就是给顾客所需要的信息，向使用者讲述产品的优点，提供足以打动他们的购买理由。对于一些易消耗品或快速消费品，你最好还提供一些试用品、试用装，这样顾客就不需要任何代价，不必冒任何风险，就可以验证你是否履行了你营销的购买理由与承诺。

有些营销从业者常常会犯下错误——忽视消费者，只顾讨论生产商自己的兴趣所在，只强调某个牌子，就好像那是很重要的事情一样。消费者可以诱导，但不会接受你的驱赶，无论他们做什么，都是为了让自己高兴，如果永远牢记这一点，我们所犯的错误就会少得多。

我们的营销传播和人员销售之间的区别，主要在于接触人的方式，推销员活生生地站在那里，希望引起注意，他不可能完全被消费者忽视，而广告或别的营销传播却很有可能被忽视、被遗忘。

所以，营销中使用醒目的购买理由标题，其目的就是为了挑选出能激发起兴趣的人，如果你想和人群中的某个人说话，最快速地吸引他的注意，你一定会说："喂，李总"，这样才能引起那个人的注意。

2. 购买理由建立在共同点与差异点的联想

◎ 差异点联想：从消费者角度找差异点

购买理由的第一个较量是能不能达成消费者对商品的独特认知。也就是说你能不能将同样的商品卖出不同来，因为在消费者心智中，品牌的差异化往往代表更好、更优秀。

差异点的定义是品牌的属性和利益，消费者对这些属性和利益具有积极、正面的评价。许多不同种类的品牌联想都可能是差异点，品牌联想可以从功能、与性能相关或者其他抽象的品牌形象的角度进行大致分类。

你向成千上万的人展示一个营销传播讯息，他们中的一部分人是你感兴趣的对象，抓住这部分人，拨动他们的心弦。不要以为那些看你营销讯息的人都会去研究你的产品是不是有意思，他们只在一瞥之间便做出决定——靠你的购买理由标题，你要做的工作是要着眼于你想找寻的那些人，而且只着眼于他们。

成功的品牌必须保持直视目标客户，专注于他们内心的渴求与欲望。我们要了解什么样的购买理由对目标人群有最广泛的诉求，一种产品有很多功能或用途，可以护肤养颜、可以防止疾病，也可以修饰或者清洁。你要精准地找出，哪一种品质是你的大部分消费者最想要的。

在现实生活中，你选择某某品牌常常取决于你感知到品牌的独特性联想。例如，尚品宅配是一家集云计算、个性化定制、免费设计等特点于一身的家居企业。当客户想装饰自己的家时，尚品宅配会派出专门的设计师上门测量勘察，再设计出一套符合客户住宅的家居摆设方案。

你的品牌差异点可能是性能属性（如沃尔沃轿车在它的旗舰车型中全车配备了6个气囊和18个气帘，提高产品的安全性能）或性能利益（如飞利浦电视具有“呵护儿童”的技术特征，比如，电视机上防止蓝光的性能，用以保护儿童的眼睛）。此外，你的差异点可以来自形象联想（如古驰品牌的奢侈和地位形象）。

根据迈克尔·波特的竞争战略理论，许多品牌都试图在“全面优质”基础上形成差异点，建立差异化战略，另外一些公司则试图成为产品或服务的“低成本供应商”，以低成本战略建立优势。

因此，你的品牌可以有多种不同类型的差异点。差异点通常是基于消费者利益进行定义的，这些利益通常具有重要的潜在“利益点”或信服的理由。这些利益点具有多种形式：可以是功能设计方面的考虑（如独特的按摩椅系统设计，使之带来电动按摩椅的舒适）；可以是关键属性（如沃尔沃发明安全带，使之具有更加安全的利益）；可以是关键成分（如夏枯草、金银花，可以预防上火）；可以是重要的背书担保（如更多的音响策划师推荐万魔耳机，说明万魔耳机能带来更佳音乐保真的好处）；还可以是服务方面（家电购物者认为耐用性是核心特征，需要判断耐用性的方法：从消费者报告或其他消费者那里获得相关信息，了解前几年人们对该产品的使用经历，较长的保修期，为客户提供了高质量的信号）。

总之，从洞察消费者出发，创建具有不可抗拒的利益点和信服的理由，对于你的品牌差异点传递至关重要。

◎ 共同点联想：从品牌自身与竞争者角度思考共同点

第一种是品类共同点联想，共同点是你的品牌与其他品牌共同享有的，也就是那些在某一特定产品大类中消费者认为任何一个合理的、可信任的产品所必须具有的联想。这些属性联想存在于一般产品层次，以及消费者期望产品层次。例如，消费者不会认为你所经营的奢侈品专卖店是卖真正的奢侈品，除非你能够提供从销售定制到保养维护的一系列服务，提供产品护理、保修及其他服务，并且有免费保修时段。

毋庸置疑，为了便于消费者选择，品类的共同点让你的品牌与竞争者的品牌出现在一个货架区域。你是饮料品牌，就与其他饮料品牌放在一起；你是卖汽车的，放在4S店，与很多其他4S店在一起。

为了快速找到购买理由，我们要从自身出发找到品牌支点，并建立起品牌与消费者对应的瞬间联想。例如，同样是“维生素”构成的三个品牌，却建立了不同的品牌支点，而且都取得了成功。

第一个是脉动，维生素让消费者工作中充满能量，“补充能量”（广告口号为：随时随地脉动回来）就是购买理由支点，它的品牌瞬间联想就是工作中的困乏，解决了身体深层缺水导致工作不给力的问题；

第二个是红牛，红牛的能量有着巨大不一样，“激活你的能量”（广告口号为：你的能量超乎你的想象）就是购买理由支点，通过登山、飞翔、蹦极、赛车等极限运动，建立起超级能量的品牌瞬间联想；

第三个是雅客 V9，维生素增强抵抗力，一种能补充 9 种维生素的糖果（广告口号为：2 粒雅客 V9，补充人体所需的 9 种维生素）就是购买理由支点，带动都市的目标人群，建立都市生活场景的品牌瞬间联想。

值得注意的是，消费者产生信任的联想是关键，有哪些可信服的事实或证据点可以用来作为沟通的支持呢？这些“可信服的购买理由”对于他们是否接受品牌至关重要。

品牌的共同点联想，要考虑到品牌的负面联想与正面联想的正反对立性。怎么理解呢？也就是说，在消费者看来，如果品牌在某一方面突出，那么就不会在其他方面也表现良好。例如，品牌“廉价”的同时，就很难保证质量最优，并非“物美价廉”。表 2-2 列出了一些反向相关属性和利益的例子。

表 2-2　反向相关属性和利益

属性、利益 A 面——正向	属性、利益 B 面——反向
低价格	高质量
好味道	低能量
营养多	口味好
强劲	精致
无所不在	独一无二
多样化	简单化
踏实稳健	创新活力

第二种是竞争性共同点联想，即那些用以抵消竞争对手差异点的联想。

如果你的品牌能在竞争对手企图建立优势的地方与之打个平手，而同时又能够在其他地方取得优势，那么你的品牌就会处于一个稳固的、不败的有利地位。

那么，在实际工作中品牌购买理由如何实现差异化呢？

你必须能发现品牌的显著性，也就是品牌与众不同的差异点。是否能够不断被强化？如果答案是肯定的，那么这个购买理由就可能持续数年，甚至管用十年。

你的购买理由要从品牌自身出发，当然，如果同时具有竞争品牌的某些关键点就再好不过了，比如，汽车品牌奔驰在强调“尊贵”的同时，也具有沃尔沃“安全”的竞争性共同点，因此，奔驰车就建立了稳固、不败的竞争地位。从核心购买理由来说，奔驰比沃尔沃更胜一筹。

当然，你要倾注精力于自己所欲取的目标客户身上，而非竞争对手身上。然而，太多的企业因为违背了这个基本的法则而失败。

或许，你会因为顾忌竞争者而彷徨：对手会怎么模仿我们？我们是别人的对手吗？让我们来认真研究竞争者到底怎么做的？我们也来模仿竞争者的策略吧！结果，被竞争者牵着鼻子走，而忘了营销的本质——聚焦到目标客户身上。

比如，对手说A点，你跟着说A点；对手讲B点，你迫不及待地讲B点；对手推出新广告，你于是认为自己要推出新广告等，诸如上述种种表现，都是将决策的依据专注于竞争者身上！竞争对手仅仅是参考，我们的说服对象是消费者。

那么，我们是不是没必要研究竞争对手了？要研究竞争者，但不要被竞争者所左右，别忘了，购买理由的目标永远是俘获消费者的心。

刘述文这厮为你总结一下：

共同点的价值重要的在于它能抵消差异点，如果你的特定共同点不能克服一些潜在的缺点，那么你的差异点甚至无足轻重。例如凉茶饮料与碳酸饮料同属于一个饮料品类，如果都是诉求饮料品类，则没有说出凉茶品牌的差异点，必须要讲出凉茶与碳酸的差异点——清热解渴，才能成为具有说服力的购买理由。

同时，想要建立特定属性和利益的共同点联想，你还必须有足够数量的消费者认为此品牌在这些方面“足够好”。什么意思呢？例如华为要建立手机拍照的共同点联想，就要消费者认为华为手机与别的拍照手机相比，好在什么地方。

刘述文这厮认为，建立共同点比建立差异点更容易，品类是很多品牌都具有的共同点。而成功创建购买理由的关键在于你的品牌同时建立共同点和差异点。

3. 嫁接动机原力为购买理由定位

营销的购买理由若老生常谈或者大而无当，就会像小船划水一样过后无痕，不会让消费者有什么深刻的印象——说“我是最好的”“我是最棒的”“史前价格最低的”等，充其量不过是在说些消费者意料之中的话，往往没有什么价值，除了表明你的表达很随意，甚至有些夸大其词之外，还会让他们对你所做的任何说明都半信半疑。

那么，应该如何考虑购买理由呢？

首先，创建购买理由之前先要进行购买理由定位。

谈到定位，我来谈谈影响中国商界数十年的定位理论。该理论由艾·里斯和杰克·特劳特提出，将营销、产品、生产和企业的出发点拉回了原点，也就是消费者的需求点，它让企业家用战略的眼光看明白企业是要做消费者心智中的企业，这无疑是营销理论的一大进步。

购买理由的定位基于定位理论原理，即“确定在预期客户头脑里的位置”，去操控消费者心智中已经存在的认知，在消费者心智空间中找到有利位置，去重组已存在的关联认知。

因此，使你的品牌在消费者心目中获得一个占据心智货架的区域位置，是不可忽略的程序。从长远来看，你品牌的购买理由所占据的心智就有机会形成品牌竞争优势，驱动品牌可持续销售。

按照心理学家乔治·米勒的说法，消费者的心智如同琳琅满目的商品陈列中的货架，每个“商品”都根据“分类”上的品牌名字被放入“货架格子”中。如无适合“商品”的“货架格子”，“分类”就被归到无法被导购的一堆商品中。

消费者心智货架中每个分类都有一个格子。如果格子的名字为“凉茶”，那么这个格子就属于凉茶类品牌。如果格子的名字为“可乐”，那么这个格子就属于可乐碳酸饮料类品牌。

乔治·米勒认为，人只能记忆 7 个分类信息，消费者的心里记忆如同“抽屉”中的归类箱，每类抽屉只能记住 7 个信号。更残酷的是，据相关资料表明：“人类的心智储存数量最多是 7 个，而现在只有 3 个，在移动互联网时代则更少，只有 3 个，或 2 个、1 个。”

例如，世界第一高的山峰是哪座？毋庸置疑，人人皆知是珠穆朗玛峰，那么，第二高峰呢？第三高峰呢？估计至少有百分之八十的人不知道。

因此，大多数人只能记住第一名，勉强记住第二名，最多记得第三名，第四、第五名很少有人记得。在品牌世界也一样，你只会记住很少的同一品类，例如，可乐品类：可口可乐与百事可乐；快餐品类：肯德基与麦当劳。

刘述文这厮要说的是，这里的心智储存数量不只是品类，还有品种，以及具有情感、特性的品牌。在消费者的心智货架中创建的购买理由应该领导产品，它可以是一个指南针，将它的针尖指向消费者满意的方向。

购买理由的根本用意，就是要在消费者的心智中为自己的品牌找到一个或多个恰当的理由。品牌如何钻进消费者大脑，首先靠的就是购买理由定位。购买理由定位好比是品牌与顾客心智对接并锁定心灵记忆的那把“锁”，借由概念表达本质，没有购买理由定位，就无从谈购买理由。

要定位，当然离不开横纵坐标轴。我们以“理性动机、感性动机”的需求层次为横坐标，以“传统、现代”的消费者感知为纵坐标为购买理由定位。

◎ 以“理性动机、感性动机”为定位横坐标

从“理性动机原力”为购买理由定位

在消费者购物行为中，消费者的利益要求由产品功能所驱动，侧重左脑理性逻辑思维认真考虑之后才决定的消费方式，我们将其称为“理性动机”。

理性动机原力立足于产品的功能价值，满足消费者的功能需求，如产品质量、价值、包装、价格或性能等方面的理性信息。消费者正是出于对厂家的信任、产品的性能、质量、价格才予以选择的商品，则是理性决策购买的商品。

也就是说，理性动机原力主要来自产品的品类与品种，要搞清楚这个原力怎么发生作用，就要看品类与品种的哪些功能利益能解决消费者的哪些问题。

首先，我们看产品的品类。什么叫品类呢？例如你是卖饮料的，饮料的功能就是解渴，有了这个功能，你的品类就是饮料。矿泉水能解渴是饮料，可乐能解渴是饮料，绿茶能解渴是饮料，啤酒能解渴也是饮料。

当一个商品列到一个品类中的时候，商品要满足这个品类的属性，

饮料具备解渴的功效，必须是液态的形态。品类价值是你的商品能站到货架上，进入消费者选择的第一个基础，有了这个基础，你得到了一个和其他饮料站到一起的展示机会。

品类思考，品牌表达。其实，品类是产品的第一个行业分类特征，是个大类，例如，以饮料为大类，有水和有味道的饮料；有味道的饮料又包括非酒精饮料和酒精饮料；酒精饮料又包括红酒、啤酒、轻度鸡尾酒等。品类成就的是超级大品牌，谁抢占了品类第一的定位，谁就成为大品牌，甚至是超级品牌。

品类是消费者心智中既有的，围绕产品最基本的功能去讨论品类，你会发现品类的缺陷——由于竞争激烈，品类都有行业老大、老二，很多品牌陷于红海的多品类竞争困境。

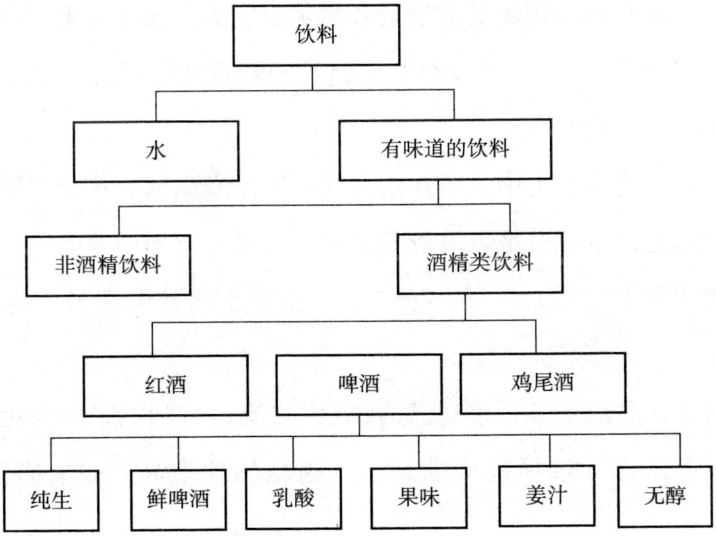

图 2-2　产品品类结构示例

其次，我们再来看产品的第二个功能性价值——品种。

如果你口渴去超市买解渴的饮品，找到饮品的品类区域的啤酒饮料，显然你会根据上述产品的品种来选，比如，要新鲜，选择纯生、鲜啤酒；口感好，选择果味的；为了安全，选择无醇的；等等。“纯生、果味、无醇”这一层就是品种价值，也才是你的购买理由。

品种是产品的另一个差异化功能价值，是品类价值的下一个层级，是品类竞争引起的必然趋势，当品类竞争激烈时，我们可以从产品的“品种”上突破。例如，“防蛀牙”想起了高露洁，“红脚艾”想起了官山红，“中式蒸饭”想起了真功夫，“社区蛋糕”想起了幸福西饼，这才是它的品种价值。

刘述文这厮认为，未来将有越来越多的商品从品种价值上取得发展空间。

从“感性动机原力”为购买理由定位

一个有趣的现象是：“产品是否能够获得市场上消费者的认可，根本上是由产品的价值所满足的消费者需求决定的，而不是由我们认为的产品功能决定的。”那么产品价值所满足的消费者需求又是如何左右产品的市场命运的呢？

在消费者购物行为中，若你的品牌试图激发幽默、热爱、骄傲、高兴等心理感受，恰好满足了消费者的利益要求，以促使其购买，侧重由右脑控制“跟着感觉走”的消费方式，那我们将该购买理由称为“感性动机”。

消费者正是出于“合乎自己的感觉”“流行”“气氛”“愉悦”“印象”这些着眼点才选择购买的商品，则是感性商品，如电影、香水、礼品等。

与品类、品种所强调产品功能的理性动机原力不一样的是，感性动机原力注重的是这个品牌具有哪些特征、个性，所提供的某种情感价值，能解决消费者的需求欲望问题。

以汽车为例，和其他的车比起来，这辆车有什么利益点能解决你所需要的情感需求，才是你的购买理由。通俗地讲，就是跟着感觉走。

我们去4S店买车，4S店销售员经常这样介绍："这部车源自德国，外观很时尚，动力很强劲，内饰很棒，科技感很炫"诸如此类的。其实，销售员这样去描述汽车，是在说这个车的功能价值（品类价值或品种价值）。这也是作为一个合格的汽车本来就应该有的。如越野车作为一个品类，越野车的牌子其实是很多的，四轮驱动、两驱、城市越野等，这是一个大类，品类只能让你选择一个大区域范围。此时德系车是品种的一个代表，另外，美系车等都有越野车产品，从品种也很难给出充分的购买理由。

情感就很简单，如果你希望这辆车给你很"安全"的感觉，那就选沃尔沃，因为沃尔沃的情感价值是"安全"；同理可知，你希望这辆车有很好的"驾驶乐趣"，那就选宝马；你希望这辆车受人"尊贵"，那就选奔驰。安全、驾驶乐趣、尊贵就是你所需要的情感，这个是非理性的，是品牌营销者塑造出来的。

刘述文这厮来总结一下，感性动机原力的触发点立足于情感价值，满足的是消费者想要的欲望。

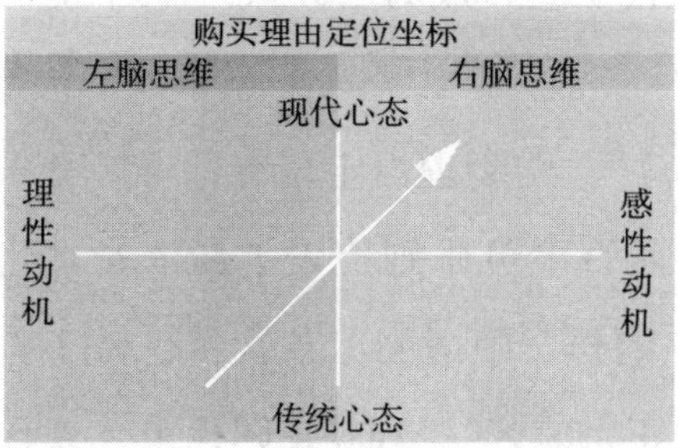

图2-3 购买理由定位坐标

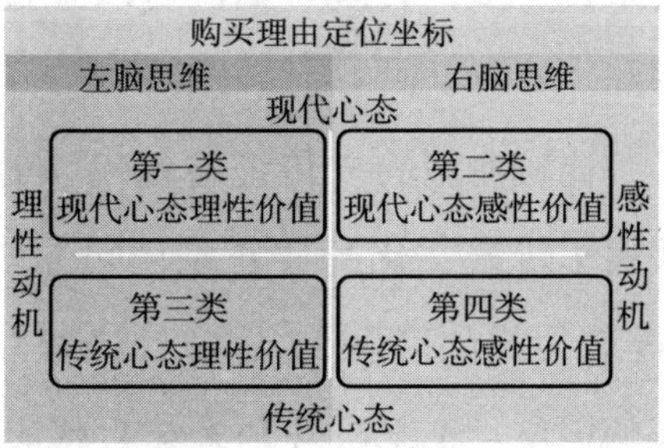

图2-4 "四限"购买理由定位

◎ 以"传统、现代"为定位纵坐标

为了精准定位购买理由，刘述文这厮从消费者心智中找到了"传

统与现代（时尚）”两个反向的消费心态，列为定位的纵坐标。

第一，传统消费心态。受传统文化的影响，消费者在购买某商品时，骨子里面买的是这个商品“传统”的一面。例如，消费者购买中药，就相信老中医，因为老中医具备很好的传承，这是个传统。再比如，吃烤鸭为什么要吃北京全聚德烤鸭，就是因为这个烤鸭秉承传统，是老北京口味。

消费者所感知的这个“传统”其实也是存在于文化主体意识中的文化原力，也就是说消费者购买商品是从自身的文化来感知传统的。例如湖南人、四川人喜欢吃辣的，就会常常去湘菜馆、川菜馆；广东人喜欢吃甜的，就会去粤菜馆。

第二，现代消费心态。随着科技进步，生活水平的提高，消费者在购买某商品的时候，注重它的“现代（时尚）”一面。例如，消费者要买手表，就相信国外的手表，尤其是瑞士的。所以对于一些科技类产品、时尚类产品，消费者要感知的是“现代”感或时尚感。

刘述文这厮要说的是，“传统与现代（时尚）”是两个反向的消费感知，很多“传统”商品可以经过现代工艺，成为“现代”感十足的商品。

比较典型的“传统与现代（时尚）”购买理由定位有：可口可乐代表了传统文化的“正宗的可乐”；而百事可乐则代表了新消费文化“年轻一代的可乐”，定位针锋相对。同样，中国的凉茶饮料也做了类似的定位：王老吉（加多宝）代表“正宗凉茶”；和其正则代表“现代凉茶”。

需要注意的是，传统与现代是消费心态，同一个消费者购买不同的产品有着不同的心态。与“理性动机与感性动机”的横坐标结合，可以得出品牌的“四限”购买理由定位，如图 2-4 所示。

4. 嫁接动机原力，创建三级购买理由

◎ 嫁接“理性动机原力”创建购买理由

产品的核心利益与功能可以成为该品牌的购买理由。正是消费者对核心价值的关注与推动，从而产生一个新品种——新“物种”，新“体验”。

基于品种价值嫁接“理性动机原力”的购买理由，其核心是要塑造品牌的“专业”认知。

品种价值侧重于左脑的认知。左脑的理性思维，为消费者带来更多的逻辑分析，如计算、推理、思辨，在购买决策中，掌控商品的功能、价格、健康、实用、性价比。侧重左脑传播区域，你必须正面且自信地给到一个“为什么”购买你的产品的逻辑释义，支撑购买理由达到三点要求：

（1）凭：凭什么。你得给消费者功能性的购买理由，有产品优势对比，列出个一二三来，说服消费者。

（2）专：够专一。为了专业，你最好成为某个领域的专家，长期聚焦该购买理由，并成为专一、专业的聚焦营销传播战略。

（3）独：独家所有。竞争者并未占据这一功能，人无你有的独特秘方、独特功能等都合乎逻辑思维。

真功夫“营养还是蒸的好”的购买理由，就嫁接了理性动机原力，与洋快餐形成差异化的同时，成为营养中式快餐的代名词。

嫁接理性动机原力的购买理由，一般人都会接受明确的说明，实际的数字一般会受到认真的对待，而且你所谈到的事实要有分量和实际效力。无论是营销创意还是人员直销，论点的力度常常会因为具体的陈述而得到强化，如果说你的手机比另外一种手机更适合拍照，别人可能还会有些怀疑，但是如果你用数字来说明（如：是某某手机的 5 倍像

素），人们就会觉得你做过测试和认真的比较。

例如对于传统的食品而言，随着食品安全被消费者重视，乌江榨菜利用其特殊制作方法传递食品安全的理性价值，“三清、三洗、三榨、三腌”成为购买理由。

品种价值是基于物理上的解释，功能性的说明，价格的抉择，口味的抉择……这类需求看似简单，但牵涉到消费者的购买决策行为，往往会有优先次序的排列。

如果你用功能利益去引起消费者的行动，那购买理由应该讲述一个比较全面的支撑点。在嫁接理性动机原力时，你需要的是洞察，以及更深入地了解消费者的购买需求。

◎ 嫁接“感性动机原力”创建购买理由

情感造就情感价值，情感让品牌溢价。精神上的认识远比实际内容来得清晰有力，情感价值往往高于实际价值，这一特性在品牌中被广泛运用。将某一感觉附加到你的品牌上，就构建了品牌被消费者认知的高速路。

基于情感价值嫁接“感性动机原力”的购买理由，其核心是要塑造品牌的“唯一”。

感性动机侧重消费者的右脑感性思维，善于调和情绪、有爱、富有同理心，为消费者带来更多的欲望，在购买行为中，掌控商品的价值、情绪、艺术、浪漫。在右脑传播区域的购买理由要想脱颖而出，你必须持久且自信地传播“我代表什么?”，同时达到三点要求：

（1）准：够精准。品牌越来越成为一对一的沟通方式，大众品牌传播的基础需要找到更小的入口，将你的市场切割为小众市场，这样你的品牌更容易找到共鸣点，才够精准。

（2）情：有情感。情绪导致感知，感知引发行动，做品牌就是产品与消费者恋爱的过程，你赋予产品什么样的情感，消费者就会对你的品牌有什么样的感知。

（3）特：有特点。特点是品牌给予消费者重要的体验，互联网时代的品牌论，也成为品牌论的新起点。

此外，新、奇、怪、美等也是不错的品性特点，这其实就是品牌背后的运作机理，你的很多习惯不会轻易被改变，改变的往往是你的感觉、你的认知。

星巴克咖啡霍华德·舒尔兹说："顾客必须认识到你有所代表。"对于有些产品而言，情感可以成为你的代表。品牌感性特征是你的商品重要的个性，就像每个人是各种性格的混合体，但只有一种性格令人与众不同，才能形成强烈的认知。爱因斯坦的"智慧"、梦露的"性感"、赫本的"优雅"、卓别林的"幽默"，正是他们最鲜明的特征。

品牌是以情感方式将满足同样需求的其他产品或服务区别开来，这些差别体现在象征性、感性方面，解决消费者的欲望。嫁接感性动机原力可以为购买理由指明新方向。例如，西贝莜面村"闭着眼睛点，道道都好吃"的购买理由就是建立在感性动机的购买理由。

你购买和使用商品在很多情况下是为了追求一种情感上的满足，或自我形象的展现。某种商品能够满足你的某些心理需要或充分表现自我形象时，它在你心目中的价值可能远远超出商品本身。也因此，情感原力在新时代营销中得以诞生，在今天更是得以蓬勃发展。

◎ 建构购买理由的金字塔

我们在购买一件商品的时候，通常都要通过理性的思考来判断，究竟哪一件商品在功能上更能够满足自己的需求，而对于同样功能的两件商品，我们则会通过自己的感性认知来决定自己更喜欢哪一个，哪一个更契合自己的气质与涵养，哪一个更容易使自己产生情感上的共鸣。

甚至，我们会因为情感上的倾向而放弃一些在功能要求上的坚持。很显然，和我们关系最好的那个朋友，往往并不是经过理性的推理与论证而确定出的综合素质最好的那一个，而是那些比较符合自己的脾气秉性、共同经历过一些事情、和自己发生过情感互动的人。

刘述文这厮认为，创建购买理由要同时兼顾理性层面和感性层面，不能仅局限在某一个方面，既要讲究左脑的科学又要考虑右脑的艺术，既通过严谨的调查研究，而不是个人的主见和想当然，又要遵守大脑思考的特点，在天马行空的思想里寻求创意。

从传播角度来看，品牌之争就是话语权之争，其实质是词汇之争，购买理由需要直指人心、强有力的词汇——“打造独特而深刻的购买词汇”。当词汇占据了消费者的大脑，品牌就成为消费者的首选，并建立了品牌壁垒。

关于购买理由到底是简单好，还是丰富好，刘述文这厮认为：购买理由不能过于简单，购买理由要更立体，这样才有说服力。在创建购买理由的环节，嫁接动机原力不仅要有核心购买理由、次级购买理由，还要有支撑理由，让消费者清清楚楚、明明白白。围绕购买理由定位，我们可以梳理出购买理由金字塔，如图 2-5 所示。

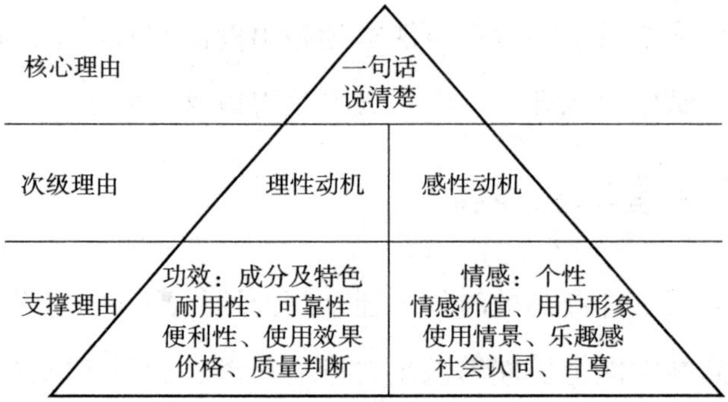

图 2-5　购买理由金字塔

通常，一条购买理由所能获得的所有回报就在于它是否能引起想要吸引的那部分消费者的注意力。同一个营销传播讯息，如果你选用了不同的购买理由标题，它的回馈也会有巨大的差异，只在购买理由标题上做个修改就会使回报增加好几倍，甚至更多。所以你要不断地比较购买理由标题，直到你确信什么样的购买理由诉求可以得到最好的结果。

有的购买理由为了简单，一次仅表现一个诉求点，在快速的传播中的确具有很大的记忆优势。可是，在一定的视野范围内，一旦你的讯息引起了某个人的注意，你就要利用这个机会实现你对他的所有期望，把所有的购买理由都给他，要涉及主题的各个方面。这个事实能说服这部分人，而另外一个事实能说服其他一些人，省略了任何一个事实，就会失去说服某一部分人的机会。

很多情况下营销是心理战，做更多的尝试、测试，才能知道哪些理由是打动消费者的，这样才会收获更多消费者。无论是嫁接哪一种动机原力，你的营销传播尽可能地表达丰富，语言不详的购买理由很难取得好的效果。

根据购买理由的实际效果，如果有多个诉求点就会对更大一部分人有吸引力，那你就要在针对那部分人的每一个营销传播中表现出所有这些诉求点。

5. 嫁接原力，从定位到创建购买理由的案例解析

◎ 案例一：官山红——红脚艾才是真正好艾

第一步：嫁接动机原力，找准购买理由定位

艾具有养生功效，艾的养生文化源远流长。艾是一个有许多品种的市场品类，市场上有陈艾、蕲艾、金装艾叶、野生艾，艾市场竞争激

烈，产品同质化严重。

与普通艾不同的是，暨晴集团旗下的品牌——官山红原生态培育的珍贵野生原种红脚艾，被称为“神艾”“鲍姑艾”，至今已有500多年历史。

从市场调查来看，各大知名电商平台尚未有红脚艾的相关产品与品牌，可以说红脚艾属于艾市场的一个新品种。任何一个新品种就是一个蓝海市场，可口可乐如此，红牛如此，王老吉凉茶也如此。

随着近些年艾品牌的发展，消费者对“艾”的认知和需求逐渐提升，但很多消费者并不清楚如何分辨艾的品种，不知道什么样的艾才是“好艾”。消费者需要一个辨别好艾的标准，那么，这就给了官山红品种成长的机会——既然消费者不知道什么艾好，不知道如何选择，那么官山红就告诉他们什么艾是好艾，给他们一个好艾的标准。

官山红侧重在“理性动机原力”与“现代”这个坐标区域的“第一类商品购买理由定位”。因此，它的购买理由定位核心概念为：罗浮山原种红脚艾这个品种才是真正的好艾，官山红就是红脚艾的代表。

第二步：嫁接动机原力，创建购买理由

从创建购买理由的三点要求，我们来看官山红品牌有哪些差异化价值：

（1）凭什么。官山红的原种红脚艾是罗浮山特有艾品种，其“红脚”独具特色，是一个纯正的新品种，该品种的药用价值、养生价值非一般的普通艾所能及，极其珍贵；与市场上的艾品种形成强烈、直观的区别。

（2）够专一。官山红以及公司都专注艾的研发与生产，分析比对证明，传承千年“艾”养生文化、血统纯正的原种红脚艾，在现代工艺提炼下是真正的好艾，官山红是运用现代工艺制造原种红脚艾的开创者。

（3）独家所有。红脚艾是才有的，红脚艾被名医典籍赞誉：东晋道教学家、医药学家葛洪与鲍姑用红脚艾施灸治病，并将其记录在《肘后备急方》中。红脚艾作为晋代中医药、道家养生的载体与传承，具有历史文化属性。此前暨晴集团举办了红脚艾学术发布会“中国罗浮山，世界红脚艾”。

因此，“红脚艾才是真正好艾”是核心购买理由，成为官山红品牌营销战略的突破点和制高点。

嫁接动机原力，我们可以梳理出官山红品牌的购买理由金字塔（如图 2-6 所示）。

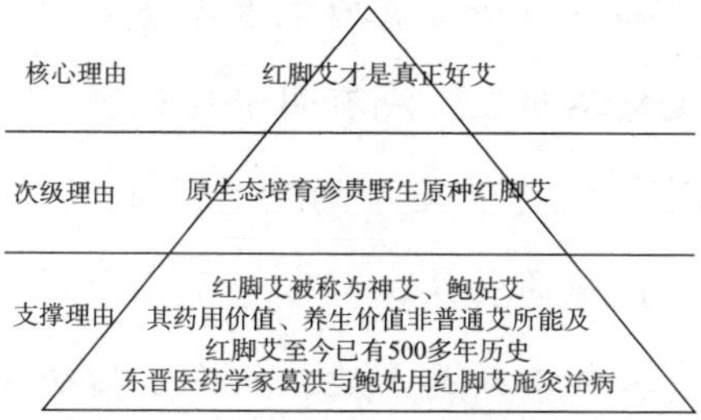

图 2-6 购买理由金字塔

图 2-7 官山红广告

对营销传播来讲，所有的事都应围绕一件事，就是为购买提供充足的理由。这个理由你想不想得清楚，就决定了你说不说得明白。购买理由不是知识，不要给消费者灌输知识。理由要以消费者原力和产品的功能为基础，把自身的购买理由解释到位了，就能与竞争对手的品牌进行有效的区分。

官山红的话语权围绕“原种红脚”这一品牌核心，打造了“红脚的，艾才好”的超级购买理由。超级购买理由是什么？是一句说动消费者购买的话。这句话既不需要说清，也不需要说服，只要说动。

同理可知，斯达舒胃药的购买理由定位在“专业治胃病”，其购买理由为“胃痛、胃酸、胃胀，就用斯达舒”，让消费者一听就懂，一看就明白，一对症状就联想到斯达舒。

◎ 案例二：香木香羊——酥香型烤全羊开创者

第一步：嫁接动机原力，找准购买理由定位

在为北京香木香羊烤全羊餐饮策划的时候，在寻找这个购买理由定位的时候，很容易进入一个误区，即大部分策划人会强调羊肉是补元阳、益血气的营养补品，要突出营养这一特性价值。其实，羊肉的营养价值无须多讲，对于餐饮而言，最大品种价值还是味道。

调研发现，市场上烤全羊及烧烤餐厅鱼龙混杂，没有行业主导品牌，包括行业资深从业者也没有品牌认知，市面上有内蒙古烤全羊、宁夏烤全羊、新疆烤全羊等，在味道上差别不明显，没有明确的说法。

烤全羊市场，因为所谓的科技发达，使得烤全羊的制作周期变短，制作方法变得看似高效。作为一个非常传统的餐饮，大家为了追求烤得多、烤得快，追求利润，通过科技的方法加工提高产能，放弃了传统工艺，尤其是古法烤羊技术，这就导致烤全羊的味道变得不好了，香木香羊经过十多年的发展，一直坚持用古法烤制，确保它的味道纯正。香木香羊的味道是什么呢？

调研发现，消费者喜欢吃香木香羊烤全羊，其味道来自外焦里嫩的“酥香”味，“酥香”味是从消费者口中得出来的。

香木香羊侧重在“理性动机原力”与“传统”这个区域的“第二类商品购买理由定位”。因此，它的购买理由定位核心概念为：创立外焦里嫩的独特“酥香”味，是酥香型烤全羊开创者。

第二步：嫁接动机原力，创建购买理由

从创建购买理由的三点要求，我们来看香木香羊品牌有哪些差异化价值：

（1）凭什么。香木香羊“外焦里嫩，酥香四溢”的特色，有以下几点支撑：“食材精选宁夏盐池滩羊、佐料由36味中草药独家秘制而成、加上28道工序3小时手工果木古法碳烤。”

（2）够专一。坚持做传统的果木古法碳烤烤全羊，而非现代工艺的烤全羊（如电烤）。

（3）独家所有。烤羊的配料是创始人罗正阳先生多年研制的独家秘制配方，是别的烤全羊没有的。

嫁接动机原力，我们可以梳理出香木香羊品牌的购买理由金字塔（如图2-8所示）。

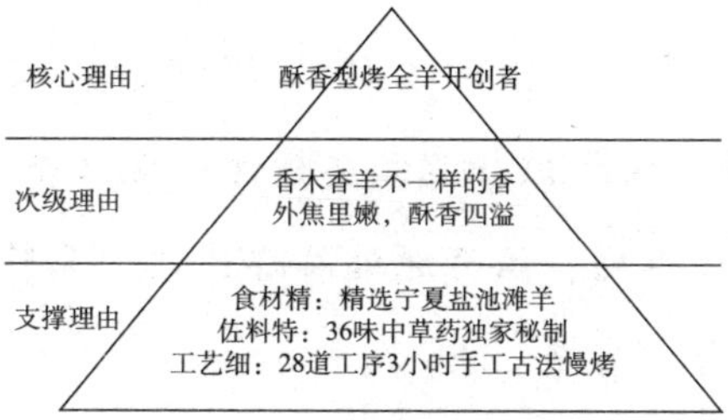

图2-8 购买理由金字塔

图2-9 香木香羊广告

味道是餐饮与生俱来的品种价值特征，它是在告诉消费者，这个商品是一个货真价实的、传统工艺秘制的“酥香型”味烤全羊。

每一种宣传都可以占有一席之地，但只有那种明确的表达才能取得成倍的效应。二者的区别是巨大的，如果有一样东西值得宣传，那就一定要设法让它给消费者留下最深刻的印象。“36味中草药、加上28道工序3小时手工”这些明确的表达就会留下深刻的印象。

当“酥香型”成了一个有力的词汇，“酥香型烤全羊开创者”也成了一个超级购买理由。如茅台的“酱香型”、五粮液的“浓香型”、蓝色经典的“绵柔型”、宝丰酒的“清香型”等的定位一样，“酥香型”也成了香木香羊最为重要的营销传播战略。

◎ 案例三：仙肌——冻住年龄，冻住美丽

第一步：嫁接动机原力，找准购买理由定位

仙肌美容仪是一款具有“超声导入、彩光治疗、振动摩擦+无线充电”的多功能美容仪。主要特点是3M振动头（即每分钟震动300万次）产生超声波，配合美容液使用，产生化学作用以及温热作用，增强皮肤细胞通透性，增强细胞的新陈代谢，使皮肤富有光泽和弹性。

从产品特点来看，它属于同质化较大的美容产品，市场上已有很多大品牌，例如，日本的belulu classy美容仪主打“驻颜美肤神器”，Tefeishi美容仪主打“频射童颜美容仪”，来自荷兰的飞利浦滋养仪SC2800主打“超声波美肤美容仪”等。由于该行业品类模仿门槛较低，尤其是各种中小厂家，以低价策略扰乱市场，只有通过品牌建设、品牌形象塑造和服务体验才能建立品牌壁垒。

调研发现，顾客使用美容仪是因为：害怕皮肤衰老、害怕皮肤松弛，使用之后心理更自信，喜欢被人称赞更年轻。

仙肌侧重在“感性动机原力”与“现代”这个坐标区域的“第三类商品购买理由定位”。因此，她的购买理由定位核心概念为：为让顾客的美更持续、更持久，用黑科技冻住顾客的年龄，冻住顾客的美。

第二步：嫁接动机原力，创建购买理由

从创建购买理由的三点要求，我们来看仙肌品牌有哪些差异化价值：

（1）够精准。顾客需求是希望自己的美更持续、更持久。而这一点恰恰是仙肌所能提供的：深层唤醒肌肤——3M振动头（即每分钟震动 300 万次）产生超声波。

（2）有情感。仙肌用黑科技给予顾客持久的美丽，让顾客获得更多的赞美、更自信，给予顾客更多的呵护、更多的关爱，是顾客变美、留住年龄的魔法师。

（3）有特点。仙肌增强细胞通透性（肌肤通透）、增强细胞新陈代谢（肌肤平衡）、皮肤富有光泽和弹性（激活肌肤），为顾客带来快速、便捷的使用体验，也是区别竞争者的差异化价值。

嫁接动机原力，我们可以梳理出仙肌品牌的购买理由金字塔（如图 2-10 所示）。

为了强化“冻龄”这个购买理由，将仙肌美容仪产品命名为“仙肌冻龄美容仪”，创意“五分钟冻龄魔法师”的超级购买理由。

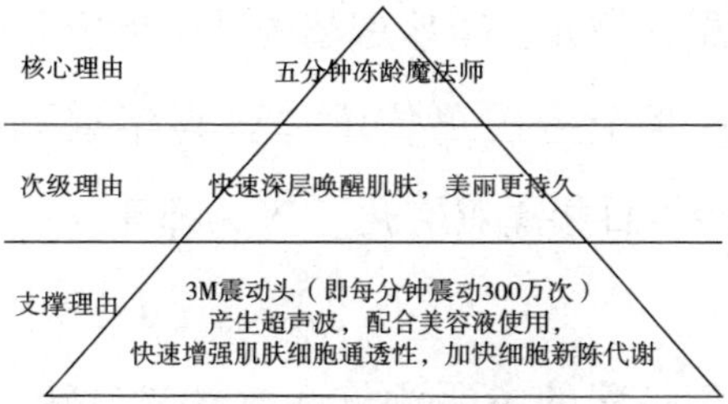

图 2-10 购买理由金字塔

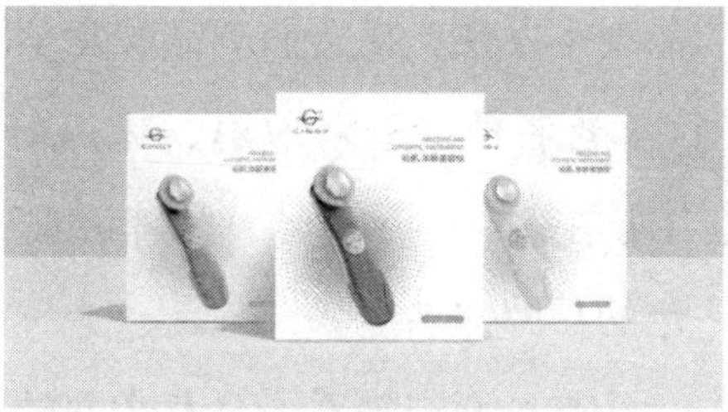

图 2-11 仙肌产品包装

为什么要用“魔法师”？魔法师就是那些能够变魔法的人，带给人们神奇的体验。在世界的各种文化中都存在这样的神奇魔法师，在爱美女性的心中，仙肌冻龄美容仪就是她们变美的“魔法师”。有了这个魔法师，就再也不用担心皮肤老化的问题。

为什么是“五分钟”？因为“五分钟”是一个时间概念，顾客用五分钟的时间就可以驻颜、变白、变美，“五分钟”是给顾客直接下达购买指令，让人听了直接行动，不用思考。

◎ 案例四：陈国庭卓资熏鸡——不一样的正宗好味道

第一步：嫁接动机原力，找准购买理由定位

卓资是熏鸡之乡，政府助力卓资美食文化发展，全力将卓资打造成“熏鸡之都”，多年的积累，让“卓资熏鸡”全国闻名。并使“卓资熏鸡”成为响当当的区域品类品牌。

陈国庭创立了自己的熏鸡品牌，随着美食文化多元化发展，新一代消费者呈现年轻化，陈国庭有很大的品牌发展机会：熏鸡有区域品类品牌，没有全国知名的产品品牌。对于陈国庭而言，乘势区域品牌“卓资熏鸡”，走出卓资，走出内蒙古，走向全国，走向世界，成为知名的产品品牌是重大的发展机会。

观察发现，卓资熏鸡品牌竞争激烈，例如：李珍熏鸡的品牌诉求是“百年老字号，正宗地道、味道好”；张金涛熏鸡传承“张喜年熏鸡（当地老字号）”旗号，品牌诉求“传承百年熏鸡文化”等，都建立了一定的品牌知名度。

从市场调查来看，日益激烈的熏鸡品牌的主要竞争逐渐从“口味、资历”的产品竞争，转向为品牌“正宗、美味、地道”以及品牌个性化的差异价值竞争。对于消费者而言，食品最主要的是“味道好”，味道不好，再有营养，消费者也不会买。

经过分析，陈国庭侧重在“感性动机原力”与“传统”这个坐标区域的“第四类商品购买理由定位”。因此，它的购买理由定位的核心概念为：不一样的卓资熏鸡，不一样的正宗好味道。

第二步：嫁接动机原力，创建购买理由

从创建购买理由的三点要求，我们来看陈国庭品牌有哪些差异化价值：

（1）够精准。对于熏鸡而言，卓资熏鸡就代表正宗，代表正味。区域品牌“卓资熏鸡”是熏鸡的代表，陈国庭熏鸡是“卓资熏鸡”的代表。

（2）有情感。熏鸡要口味好、满足嘴的需求——“口味要地道”。陈国庭熏鸡是“卓资熏鸡”的老字号，老字号就代表“地道”，代表味道好，一个“老字号”连接消费者的情感。同时，“陈国庭”名号有权威表彰及认证，当地有一定知名度，“陈国庭”品牌 IP 符号，代表了一种信赖。

（3）有特点。陈国庭熏鸡有“祖传、古法、工艺、用材”四个特点。

嫁接动机原力，我们可以梳理出陈国庭品牌的购买理由金字塔（如图 2-12 所示）。

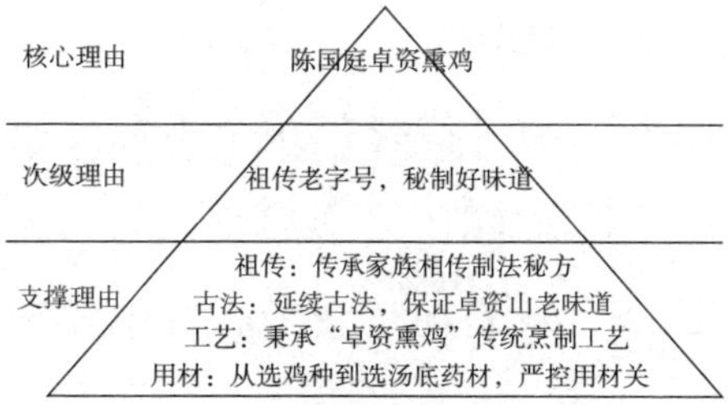

图 2-12　购买理由金字塔

图 2-13　陈国庭品牌店招

秉承陈国庭购买理由的核心概念，“陈国庭卓资熏鸡”就代表正宗，代表正味，这正是消费者要购买的。根据陈国庭熏鸡特点提炼出了第二个购买理由——“祖传老字号，秘制好味道”。

需要注意的是，陈国庭熏鸡“祖传、古法、工艺、用材”四个特点是有支撑的，并非凭空想出来的，而且也是消费者在意的。

（1）祖传。陈国庭卓资熏鸡传承家族世代相传秘方，延续先辈精湛制法，自成一派，再现当地老味道，独具风味，香气浓郁，持久回味。

（2）古法。为了重现地道卓资山老味道，陈国庭坚持使用传统“笨”方法熏鸡，经多道细致、讲究的精密工序，沿袭古道手法，才能保证熏鸡地道口感，色香味全，回味悠长。

（3）工艺。集成世代相传“卓资熏鸡”传统烹制工艺的基础上，更好地保留熏鸡的独特风味。

（4）用材。为熏制优质口感的熏鸡，从选择鸡种、筛选汤底药材等的每个步骤，陈国庭卓资熏鸡经过层层把关，确保每一步骤的选材，都能为熏鸡带来更具风味的口感。

刘述文这厮来总结一下，通过商品带给他们的附加值或情绪上的满足，让他们形成积极的品牌态度，才能引领着目标消费者选择我们。情感是消费者的情绪反应，存在于他们的心智中，是他们所期待的，而且从产品来说是要有支撑点的，并非是虚无缥缈的。

根据实战经验，在“感性动机原力”与“传统”这个坐标区域的定位，针对有些产品，我们可以在文化主体意识中，找到新入口，为产品创建购买理由。例如“王老吉”凉茶，就是在消费者心智中发现了“怕上火”的文化原力，并嫁接了这个原力。

再如，“家”文化和“礼”文化就是很多商品购买理由的文化原力：

以根为本的“家”文化

中国人注重家国情怀，家、族、国的根文化深植于中国人的心里。中国根文化的强烈表现之一是“家”的观念，全家团圆对中国人而言永远是生活中最重要的事情之一，所以，以合家欢、团圆为象征意义的节日，如春节、中秋节，受到全社会的高度重视。

在中国的品牌中，酒品牌将家文化玩出了新高度，例如，高炉家酒和孔府家酒，打的就是“家”文化情节。高炉家酒的广告文案：“在家的时候，总是想着朋友；和朋友在一起，又总是牵挂着家。其实，家和朋友的距离，有时仅仅是一杯酒。”孔府家酒广告文案：“孔府家酒，叫人爱家。”

在其他品牌中也有“家”文化。欧派家居广告语：“有家有爱有欧派。”

关系文化中的“礼”文化

当你在大街上看到大家拎着大大小小的礼品袋，就能感觉到是逢年过节了，通过礼品感受到浓厚的节日氛围。

送礼行为是营销中的一个研究主题。中国是礼仪之邦，“礼尚往来”“来而不往非礼也”是中国人内心深处面子情结最直白的表达。中国人送礼时对面子极其关注，有时礼品就是面子，礼品的包装、文化寓意代表不同的礼品消费档次，礼品的轻重就是面子的大小，特别是过年，礼品更加讲究。中国人所送的礼品反映送礼者对受礼者的尊重程度，并不反映送礼者的经济能力。

送礼不仅在农村极为盛行，即便在城市，送礼消费也营造出一个巨大的市场，从保健品脑白金的广告语中就能看出这一点：“今年过节不收礼，收礼只收脑白金。”脑白金的成功就是借助了送礼这个文化原力。

如果你的品牌有“家”文化和“礼”文化的属性，不妨试试这两个文化原力。

Tips

1. 营销为什么需要一个购买理由，因为它是一种心理上的打动机制。

2. 购买理由定位存在于消费者心智货架中，心智货架指引消费者分门别类。

3. 购买理由建立在行业的共同点与消费者的差异点的联想上。

4. 嫁接理性动机与感性动机的原力为购买理由定位，创建三级购买理由。

第三章　找到文化原力，创意购买指令

“文化表述由意识形态、神话和文化密码构成。意识形态是一种观念，与直白的销售主张不同，是通过文化表述的各个层次，使消费者得以体验。神话是有教育意义的故事，它透露出意识形态。……所有的大众文化表述，无论电影、零售店招贴，还是包装图文设计，都依赖于其意义早已在文化中被历史性地确立下来的那些元素。”

——《文化战略》

文化原力作为意识形态的表达方式，是营销传播中购买指令的密码，它为品牌营销提供了一个重要的沟通路径，是接通消费者的导火索。人类千百年来积累下来的符号创意、戏剧、故事、仪式活动等文化意识形态，成为购买指令创意最强大的文化原力。

一、文化原力来自哪里

1. 文化原力：来自消费者集体潜意识的原始意象

毋庸置疑，营销传播的成功与否取决于信息本质、受众解读以及接收环境等因素。同时，接收者对信源以及用来传递信息的媒介的相应感知也会影响传播效果。前面所讲的购买理由是商品的充分条件，并不是充分必要条件，也就是说，商品有了购买理由还不足以形成销售促进，还需要一个让他们快速做出购买决策、采取购买行动的购买指令。

不同受众会给文字、图像、声音以及色彩赋予不同的购买指令含义，并且解读也会相应发生变化。举例来说，如果你在广东地区街上要一杯凉茶，你将得到邓老、黄振龙那样具有中药口味的饮品。但是，如果在武汉，凉茶指的就是放凉后的茶水；在北方，凉茶是指隔夜茶。

因此，为了使得我们传播的购买指令被消费者准确理解，品牌商必须理解文字或符号代表的意义，以及它们将如何影响消费者对产品与信息的解读。这就要求我们的信息建立在文化主体意识之上。

广告界存在一个有趣的事实，很多广告人都曾经是神学家或牧师，比如最先创办现代化广告公司的伊耶在从事广告之前是个牧师，著名广告狂人霍普金斯曾是神学家。这与荣格“原型理论”的神话思想不谋而合，“原型理论”中的文学原型就是神话，神话是一种形式结构的模型，各种文学类型无不是神话的延续和演变。

荣格认为，每个人的心里都有一套感知原型概念的系统，这些原型意象具有共通的本质，它们以神话元素在世界各地的形式或形象中体现，同时也是每个人身上源自集体潜意识的产物。荣格所描述的“集体潜意识”的主要内容就是“原型”。原型是“一种从不可计数的千百年来人类祖先经验的积淀物，一种每一世纪仅增加极小极小变化和差异的史前社会生活的回声”，是人类祖先在漫长的实践活动中，保留在人类精神中的“种族记忆”或“原始意象”。

这些“原始意象”，以原始的意识形态一直存在于人类母体文化之中，例如黑色与黄色相间的颜色，被称之为警惕色，被应用于交通以及危险物体上，以起到警示作用。其实黑色与黄色的“原始意象”是人

图 3-1　卡尔·古斯塔夫·荣格

类潜意识中对蜂、老虎动物具有这两个颜色——黑色与黄色的恐惧和警惕。同样的，马路上的白色线条被运用到人行要道，被称之为“斑马线”，就是运用了斑马对于人类是安全的“原始意象”。

毕加索是20世纪最伟大的艺术家，因为他表达自己关于现实的奇妙认知时，从来没有忘记，灵感可以来自古代的艺术，来自非洲和大洋洲的土著艺术，来自古代伊比利亚的祖先们，来自他所经历的文化原力。

艺术家有敏锐的直觉和天赋，可以把握这种意向，把它们从无意识的深渊中发掘出来，赋予意识的价值，并经过转化使之能被他同时代的人所理解和接受。文化原力能够发出比每一个个体强烈得多的声音，往往能产生一千倍、一万倍的力量。

文化人类学家劳泰尔·拉派尔著有《文化密码》一书，其中就应用文化密码（文化原力）的方法来进行市场调研，例如关于克莱斯勒吉普车，他通过问被调查者关于吉普车的最早记忆，那些人提供了几百个关于吉普车的故事，从消费者关于吉普车的原始记忆，拉派尔将吉普车的文化密码提炼为“马”，马象征着力量与自由。

可以说，拉派尔已经在某种程度上使用了文化原力，在消费者脑海中关于吉普车的记忆或者关于“马”的记忆里有一部分是种族记忆或原始意象，它不受个人意识所控制。

文化原力来源于人类的原始意识形态，它体现了人类集体的文学想象，又往往表现为一些相当有限而且不断重复的模式或程式，蕴藏着巨大的能量，为品牌营销创意打开了一个大口径的“天窗”。

刘述文这厮的观点是，人类戏剧就是不断循环往复的，千百年来人类祖先经验积累下来的意识形态——符号创意、戏剧、故事、仪式活动和群体部落，就是购买指令创意最强大的文化原力。

2. 文化原力包括哪些

在人类文化长河中，无论是烟、酒、茶、咖啡，还是时尚潮品，都离不开人类所依附的意识形态（文化主体意识）。

文化建构在物质基础上，产品做到主流范畴的标准之后，再做文化的区分，无论文化、观念还是商品都是按模仿律进行的，大规模生产时代远去，消费开始由模仿律与时尚规则主导，商品从小众到流行的过程也是文化概念普及的过程，这些文化概念都建立在意识形态里。

意识形态包括传统文化与衍生文化。孕育于文化母体之下，源于传统文化商品，我们称之为“品牌寄生”，另一类脱胎于传统文化的新兴文化（衍生文化），例如炫酷、杀马特等你，而在此基础上衍生出来的新兴商品，称之为“品牌衍生”。

品牌寄生在传统文化的意识形态里，称之为传统文化原力；品牌衍生在新兴文化的意识形态里，称之为衍生文化原力。因此，文化原力包括传统文化原力与衍生文化原力。

◎ 中国传统文化原力

一说到中国文化，人们往往被惯性所误导，似乎一部部历史巨著才代表中国文化，好像没读过《论语》、没学过《易经》的人就不配谈中国文化，没有通读《史记》的人就不懂中国文化。

如果文化说不清楚，或者需要通过历史巨著才能说清楚，那就不是主体文化。即使是，也只是学究们的小众文化，而非人民大众的文化，而脱离了人民大众的文化，就不是中国意义上的传统文化。

中国文化一定是老百姓都知道的文化。老百姓的文化一定是简单易行的，一定是广泛根植于老百姓的日常生活行为中的，一定是不论贫富贵贱、不论男女老少都从骨子里认同并遵循着的东西。

对于老百姓来说，文学文化才是他们感兴趣的，例如，孙悟空、猪八戒、关公、诸葛亮、宋江等就是文化；大闹天宫、嫦娥奔月、草船借箭就是文化；八仙过海、三十六计就是文化；“一寸光阴一寸金，寸金难买寸光阴”等俗语、套话就是文化；祭孔大典、国庆节日庆典也是文化；春节、元宵节、端午节、中秋节等节日也是文化。

图 3-2 西游记

图 3-3 猜灯谜

图 3-4 嫦娥奔月

在品牌营销中，和文化、福文化、酒文化也是主要的文化原力。例如，中国的金六福——中国人的福酒；福星酒——喝福星酒，运气就是这么好；洗衣粉品牌——给妈妈的爱；巧克力品牌——送给最爱的人；香皂品牌——与你的皮肤相亲相爱。这些都是文化原力的体现。

中庸之道的价值观影响下，“和”成为人们认同的为人处世理念，用现在的话就是“和谐”的意思。“和”本身已经包含了“合”的意思，就是由相和的事物融合而产生新事物，留下了和谐、和气、和睦、和满、和为贵等绝妙词语。

“福”自古以来就是中国人的一种伟大信仰与不懈追求，是几千年的中华文明最朴实的根基，弘扬中国福文化，就是要使福文化在中国乃至世界文化中成为中国文化最醒目的标识。人们自古以来就有祈福、崇福、送福等与福有关的活动，我们能从大量的典故、吉语、民俗等福文化之中窥其繁荣之一二。

无酒不成席，可见酒在我们生活中的地位多重要了。“酒”文化可以说是源远流长，自杜康造酒开始，已经有几千年的历史了。经过不断的发展演变，很早就形成一套酒文化，也留下了从“酒逢知己千杯少”“知音不在千杯酒”的文辞，到“感情深，一口闷；感情浅，舔一舔”等顺口俗语。

从传统文化来看，中国消费者也有独特的文化价值观，这些价值观流淌在你我的文化主体意识里。品牌寄生在文化主体意识里，对于我们做品牌来说，用好了这些文化，就能形成巨大的势能、巨大的原力。

◎ 新一代的新兴文化原力

历史的车轮总是不停往前走，经济全球化，世界技术融合发展，新的生产力带来了新的消费文化，新的工业文化催生了与大众文化不同的新文化——精英文化，主要表现为手表、电视、手机、箱包、汽车等商品登上生活的舞台。

如果你想千方百计地推出新品牌，最有效的办法是观察流行趋势的发展，发现被创造出来的新需求，然后，在适当的时机提供产品或服务，满足这些要求。培育钻石首饰就是成功的案例之一。

“潜意识是握有非自主功能、情绪和习惯的软件。你大部分的习惯和情绪反应，在年幼时已经写入程序，那时你根本不够成熟，没有过滤能力。许多程序通常由父母、师长、同伴、电视和最近风行的计算机游戏等随机写入。”《潜意识》作者奥里森·斯威特·马登如是说。

这句话的意思就是说，我们现在的潜意识是年幼时形成的。

相比 70 后、80 后小时候玩泥巴，抓蛐蛐，做弹弓，现在的小朋友打电脑、玩手机游戏、玩无人机等。不同时代的人，必定形成不同的潜意识。

文化全球化后，人类生活的戏剧也在发生变化，变得丰富多彩，世界各地的外来戏剧、仪式互相交融，求同存异，个性文化融入了我们的生活。例如，西方的街舞、情人节、万圣节、圣诞节、西餐、西式婚礼等被引入国内，巧克力、钻戒、红酒、西装等商品也被国人所接受。

文化原力是一种无穷无尽的资源，始终在那里等待着你发现，并将其转换为新的创意。在全球背景下，未来，本土文化下会衍生出来不一样的新兴文化——精英文化与个性文化。

我们很大程度上是根据别人的印象、根据流行的口味来判断事物，我们都随大流，所以，在营销传播中，最有效的方法就是抓住主体文化的潮流。

总之，一个伟大的品牌应该瞄准能够引发爆炸性效果的文化直觉。这样才能点燃某种神奇的力量，进入文化的领域。

3. 文化原力创意购买指令的三大标准

◎ 购买指令要嫁接文化原力

问：为什么要做创意？

答：做创意不是为了创意，而是为了品牌营销。

问：做创意最需要注意的是什么？

答：当然是与消费者达成情感共鸣，不能达成共鸣，说什么都没有用。

问：有没有能有效达成情感共鸣的好方法？

答：有，答案就是要到消费者大脑里去寻找。

在商品同质化的时代，要打造一个与众不同的品牌，首先要先假设如果脱离了产品的工具价值，你是否是一个独一无二的、不可或缺的品牌——依靠非商品的工具价值而创造的价值。

可以明确的是，品牌的购买指令作用于消费者的心智模式。心智模式是指深植于人们心中关于自己、别人、组织及周围每个层面的假设、形象和故事，它深受习惯思维、定势思维、已有知识的局限，是人们一种习以为常、理所当然的认知。

品牌，生长在消费者的心智中，寄生在文化主体意识里。因此，购买指令并非是无中生有造出来的，而是从文化母体中挖掘出来的。

改变人们认知的习惯就是改变人们的心智，是非常昂贵的，涉及此类问题的商品应该慎重考虑，要想把辣椒酱卖给江浙人，首先就要让他们养成吃辣椒的习惯，成本会是巨大的，尽管如此，还是有无数的品牌厂商想做这种几乎不可能的事情，就因为他们忽视当地的主体文化意识的影响。

从消费者大脑中去寻找创意，不仅快捷、有效，也是寻找购买指令的不二之选。例如餐饮品牌真功夫的品牌名“真功夫”和“小龙哥”是好的购买指令，因为真功夫的小龙哥形象是功夫大师李小龙的文化原力；广告口号“营养还是蒸的好”也是好的购买指令，它用了营养这个文化原力，无论是功夫文化，还是饮食文化，都嫁接了我们文化主体意识里的文化原力。

创意就是权力，购买指令创意是将购买理由转化为购买指令的活化过程，最为重要的是嫁接文化原力。

◎ 购买指令要保持简单

世界上所有学问的最重要的共同特征是什么？就是将复杂的东西简单化，简单！简单！还是简单！越本质的东西就越简单，简单是一种能力。

拉尔夫·瓦尔多·爱默生曾言："没有比伟大更简单的事了，确实，做到简单就是成就伟大。"

越本质的东西越简单，也越常用。如果复杂，就不是本质。不管事物多复杂，核心根本只有一个，这个就是本质，找到它，然后在本质上下功夫。越本质的东西越让人成长，也越让人进步，购买指令创意就应该是简单的。

心理学研究表明，消费者的注意力有限，只能记得有限的信息，任何复杂问题的解决方法其本质都是简单的，因此你设计的购买指令务必要简单、足够简单，并且保持简单。

简单和直接的创意远远比复杂的计划更具有效果，与其在复杂的计划方面胜过对手，你还不如设法在简单的创意方面永远走在对手的前面。

简单就是聚集问题本身。没有简单，问题就不能聚焦，再强大的太阳光，不能聚焦也不能穿过一张薄纸，而聚焦的太阳光则可以点燃蜡烛，更聚焦的极光可以切割坚硬的钢铁。

著名雕塑家罗丹说："完美就是去掉一切多余的东西。"

购买指令的创意就是去粗取精的过程。一个词语、一句话，就可以定位一个心智；一个图形符号，就可以激活消费者的购买欲望；最简单的讯息，才是最有力量的购买指令。

复杂的语言会蒙蔽人们的心智。当你在进行创意时，你的购买指令就是尽量简化信息，越简洁越好，要浓缩到尽可能最小体量，做到极致简单，成为最简练的符号就能占领消费者的心智。

◎ 购买指令要创造一种情绪

人类从诞生以来就是受感性驱使的动物，所做出的一切行为都是为了获得快乐或避开痛苦。戴尔·卡耐基所言："同别人交往时要记住，你不是同逻辑动物交往，而是同有情绪的人交往。"

情绪是激发你热情、敦促你行动的催化剂。我们依据情绪采取行动，因为我们从内心深处认为自己会更幸福，更满足，更安全，更时髦，更成功，更受人尊重。另一方面，情绪也会引起一些消极反应。我们要尽量避免受到伤害、斥责、轻视，避免处境尴尬、被人拒绝、受人利用、满心不悦，避免任何有可能吓到或伤害我们的一切消极因素。

在营销中，你要养成随时随地去思考营销话题、营销切入点的习惯。我们今天看到的百分之七十是情绪，百分之三十是信息。那么作为品牌商，如何利用这种情绪？

麦当劳——"麦当劳，我就是喜欢"

麦斯威尔咖啡——"滴滴香浓，意犹未尽"

欧莱雅——"你值得拥有"

耐克——"Just do it."

迈瑞医疗——"生命科技如此亲近"

这些深入人心的句子一瞬间就撩拨你的情绪，打开你的心扉，"情绪"一直是营销传播的强大武器，70%的购买是基于"感性的情绪"

而不是“理性的逻辑”。你所产生购买行为的过程，无非就是在某个环境下，被商品信息的购买指令的情绪所打动。

消费升级的趋势下，大量的升级产品涌现出来，在中国每一个品类都有很多高品质的东西。过去你的购买指令，只要强调产品某一项好就可以了，现在除了这些还要再加一项条件，用另一个因素——情绪去吸引你的消费者。

Tips

1. 文化原力：来自消费者集体潜意识的原始意象，依据是荣格的“原始意象”。

2. 文化原力包括传统文化原力与衍生文化原力。

3. 文化原力创意购买指令的三大标准：嫁接文化原力，保持简单，创造一种情绪。

“创新并不是创造全新的事物，而是把不同的事物关联起来，合成新事物。”

——乔布斯

在营销传播中，说服消费者的主要是情绪，并非是理性数据，这就需要我们的创意营造一种情绪、感觉。我们以产品的功效为依据，从文化意识形态中寻找原力要素，唤醒文化原力，找到与消费者潜意识共鸣的情绪、感觉，从消费者大脑认知中的“旧元素”中找到“新组合”，将其创意为购买指令，如符号指令、故事指令。当某个品牌成为人人都看得懂的符号、标志等购买指令时，就可以成为消费者的灯塔，在眼花缭乱的市场中，指引消费者按照指令符号做出购买行动。

二、嫁接文化原力，创意购买指令

1. 嫁接文化原力，创意符号指令

购买理由很棒，但如何让大家快速认识它、记住它？怎么用很少的预算，让营销诉求传播开来？或在减少广告投放，甚至停止投放的情况下，消费者还记得它，并选择它？要解决以上问题，就需要嫁接文化原力，创意让消费者行动的购买指令。

比尔·伯恩巴克曾说：“创意哲学的核心在于相信，没有什么力量

能与洞察人心、了解人们行为背后的动机和初衷相比……”创意的这个力量说的就是文化原力。

符号打开了人类认知世界的另一扇窗，是连接人类沟通的媒介和认知载体。亚里士多德曾说：“人类的思想是在符号系统上运行的”，符号是嫁接文化原力的第一购买指令。那么，符号究竟是什么？

我们先来看看在红军革命电影中遇见的场景：

大雪纷飞的晚上，有人在大声敲门，屋内的大娘心惊胆战地问：“谁呀？”外面应声道：“我们是红军，他是小刘，我是小李。”

这时候，大娘一直在犹豫，怀疑外面的人是不是坏人。

这个时候，外面的人把戴在头上的帽子摘下来，抖一抖帽子上的雪，露出了那颗闪闪的红五星。

大娘从门缝中看见那颗红五星，就把门打开了。

或许你会问：为什么呢？

红五星是符号，代指红军，代表了信任，它的核心是产生信任的力量。

为了便于对符号的理解，引用四川大学赵毅衡教授对符号的定义：符号是被认为携带意义的感知，意义必须用符号才能表达，符号的用途是表达意义。符号是人类发明的沟通媒介，承载着人类的各种信息。

为了学会使用符号，我们深挖符号背后的逻辑：符号学专家皮尔斯认为符号表意过程有三个核心部件，即符号、对象和解释项，他认为符号是一个内部不可分的整体。举个例子，交通信号灯是一个符号，司机是对象，红灯停、绿灯行便是解释项，司机根据交通信号灯而行事，三个部件整合统一、不可分割。

人类很早以前就通过符号，间接、快捷地认知万事万物。例如，古代战争中，烽火狼烟就是有敌情的符号。符号的最大作用，就是能帮助你的品牌在传播过程中，减少与消费者沟通的成本。

符号与名称、口号共同形成品牌概念的内容基础，每一个片段都承载并表达着品牌的个性、品位、品质、风格、权力、地位等核心信息，将你的品牌聚焦到最小计量的符号上，起到四两拨千斤的作用。

品牌通过以符号为载体的传播沟通，形成主观上他人对品牌的认知，并且快速完成传播指令。比如，百达翡丽手表，传递出尊贵身份。那么，为什么他们知道百达翡丽是最尊贵的手表呢？这是通过以历史悠久、工艺精湛的文化符号为载体的传播沟通而形成的固有价值认知。

刘述文这厮用一句话总结，符号的功能就是浓缩并精准传达信息的指令。

◎ 符号的三种分类

对于一个品牌来说，符号代表不同的精神和意义，并发出购买指令的信号。不同的品牌通过形状、声音、颜色不同的符号表达了各自的内在精神，例如，美国的耐克代表叛逆的心理和“just do it”的自我意识，而中国的特步代表了永不止步的向上精神。

为了更好地运用符号做创意，我们学习皮尔斯对符号的分类。皮尔斯把符号分为图像符号、指示符号、象征符号三类：

第一类是图像符号，这类符号与其指代的事物相似，比如说猫、狗等这类符号。一个人的照片可以看作是一个图像符号，因为这个符号与其所代表的事物在物理层面上相似。它也可能是象声词，像“喵”或“汪”也被称为图像符号，因为一听到这个声音，你就知道猫或狗来了。

第二类是指示符号，这类符号与其指代事物之间存在某种直接的联系。“烟”是火的指示符号，“烟上面有禁止图形”则是禁止吸烟的指示符号。街道上的交通标志牌也是指示符号：这些符号与其所在现实位置具有某种直接联系，比如在学校路口或在山坡上。

图 3-5　图像符号

图 3-6　指示符号

图 3-7　象征符号

第三类是象征符号，这类符号与其代表的意思之间并没有什么逻辑关系。对这些符号意义的认识完全依靠你了解并掌握它们和指代意义之间的联系。“红十字”是你知道的需要救助的符号。

无论是图像符号、指示符号还是象征符号，三者都不是彼此分离的，能够结合在一起使用。因此，你可以通过文字、图形等符号知道交通信号、方向指示等。

皮尔斯符号有三个属性，称为第一性、第二性和第三性。

第一性：这是一种感觉。它可以说是种感觉或情绪的反应。当你感觉到“自信”时，可以说就是基于第一层面的反应。比如你戴着劳力士手表，从这个符号，你感觉到自信。也可以理解为超级品牌所传递的就是超级符号。

第二性：这是事实层面。它是事物之间的物理关系。交通信号灯功能就是事实的物理层面，红灯停、绿灯行就是事实指令，当你在开车时，就要按这个指令行事。

第三性：你可以把这一层面当作心理意识层面。这是存在普遍规则的层面，它把其他两个层面联系起来，它把符号作为传统与事物联系起来。你看到“故宫”和“龙”图形就会与中国联系起来，这就是文化的主体意识层面的联系，它依赖于习俗。

正是以上三个属性，让符号成为品牌重要的指令，你可以通过传达精确的视觉符号，让消费者通过每个记忆碎片，记住你的品牌，并形成独特的符号标记。例如，时尚品牌 Burberry 就塑造了非常成功的视觉符号——Burberry 格子，纵横交错的格子成为 Burberry 家族身份和地位的象征。无论走到哪里，只要你看到格子，那就是 Burberry。

2. 文字（语言）符号是第一符号指令

传播学派中，符号互动者认为，“人类需要社会刺激和抽象化的符号系统以唤醒人类特有的观念性的思考过程”。语言就是唤醒人类思考的符号。

语言是激活心智的软体。亚里士多德说：“语言是思想的符号，文字是语言的符号，思维体系和文化建构基于文字符号。”营销的本质是让消费者迅速做购买决策，语言符号是激活左脑的理性购买指令。

词语是触发器，它能触发埋藏在人们头脑里的意义。语言是大脑的通路，你用概念操纵词语时，选择了正确的词语，就能影响思维过程本身。左脑是“用词语思考”而不是通过抽象思维来思考。

当刘述文这斯给市场营销从业者做创意分享时，被问得最多的是品牌创意有何秘诀，我的答案非常简单：从熟悉的词语开始。这个答案出乎很多人的意料，其实，词语先行就是品牌创意的正确打开方式。

可是，太多的职业广告人、品牌管理者认为创意应该以视觉为主，相信视觉是比文字更重要的共同语言，甚至认为，做品牌创意就是做视觉创意。这就出现了一个有趣的现象，很多广告公司、策划公司、设计公司的平面设计、广告设计等视觉创意类的业务较多，文案则不值钱，很多企业几乎每年都在传播物料视觉上“旧貌换新颜”，也有的企业隔几年便换品牌标识，改变品牌形象，行话叫品牌升级。

其实，从沟通来看，文字才是人类共同的第一语言，词语才是第一个激活人们购买的指令。这就是为什么你要非常努力地寻找恰当的文字，以词汇、短语或者组合来传达一个品牌创意。

不幸的是，很多创作者在入行初期都轻视文字的重要性，忽视词语的指引，而像个无头苍蝇漫无目的地找视觉创意资料，一旦视觉创意客户不喜欢，就去找别的视觉资料，重新创作。

当然出现这样的问题，主要有两种情况：一种情况是视觉创意本身欠妥；另一种情况是，客户也不知道要什么样的视觉创意设计，他的评价依据归结于他的自身审美。无论这两种情况的哪一种，都归结于没有准确的文字指引。

文字具有对视觉形象的“锚定”与“接力”两大功能。

优秀的创意人恰恰是那些优秀标题与文案的创作者，或者他们与优秀的文案密切合作来写出那些神奇的创意文案。从另一方面来说，即使你在进行文案独立创作时，你的文字也必须能激活人们潜意识的联想，因为一个卓越的品牌创意只能通过准确释义的文字加以表达。

对于视觉形象而言，文字的第一个功能是“锚定”，即将视觉准确定位。

著名符号学家巴特认为“锚定”能够引导读者对图像中的多种意

义，即他所称“飘忽不定的能指链”的解读，过滤掉那些无关紧要的“能指”而直达关键信息。文字对“这是什么”的问题给予了明确解答。图像中隐含的文字（符码图像信息）帮助读者解读呈现的能指，图像表面的文字（无符码图像信息）目的在于认识。巴特描述了“文字”就像遥控器，引导人们到预先设定好的意义上。

从文字开始创意的思维听起来有些奇怪，然而，这正是你为购买理由传达一个清晰创意行之有效的方法，这种方法更容易使你的创意扎根于消费者的思想和记忆。

文字的第二个功能是“接力”，它并不像“锚定”功能那么常见。文字通常是对话的片段，也是弥补图像的一种方式，这个你可以在连环画中找到，就像在电影对白中那样，通过对图像缺失信息的增补，这类文字推进和深化了对图像的解读。

有人说，一幅视觉能够抵过千言万语，你的视觉创意有可能具有沟通作用并产生感染力，但是也可能向不同消费者传达了不一样的意义。而文字语言的重要性在于，让每个人精准地接收到你的品牌同样的营销信息。

◎ 名字是第一文字符号

名字就是把品牌挂在预期客户头脑中产品梯子上的钩子，在互联网时代，你能做的首要的营销决策就是给产品起一个有文化原力的名字。

古人云：“赐子千金，不如授子一艺，授子一艺，不如赐子好名。”关于名字的重要性，老子的《道德经》就有很好的说明：“道可道，非常道。名可名，非常名。无名天地之始，有名万物之母。”大意为，天地之初，因为没有命名，一切混沌。有了命名，才有了万事万物，因为每一事、一物，它必须被命名，万物即为一万个名字。

《圣经·创世纪》里说，亚当的第一个任务就是为所有的动物命名——这是文明的发端。符号互动论创始人乔治·赫伯特·米德认为，相信符号化的命名过程是人类社会的基础。

名字是品牌的第一文字符号，比如你去超市买洗衣液，除了自己找洗衣液的名牌，也会问导购有什么牌子的洗衣液。当你使用过几次之后，觉得某某洗衣液不错，那你也会告诉家人、朋友某某牌子不错，值得购买。

名字是品牌的第一认知。好的品牌名字，本身就具有让顾客一见如故的文化原力。

那么，什么样的名字是好品牌名字，刘述文这厮的建议是能够快速唤醒消费者文化原力的名字就是好品牌名字。比如奔驰、宝马就是好品牌名字。据说宝马的原名叫“巴依尔”，读起来很拗口，还不好记，当时的销量也不好，改名为“宝马”之后，销量蹭蹭上涨不说，品牌形象也上去了，可以说是改名最成功的汽车品牌了。

为什么宝马这个名字这么好呢？因为这个名字蕴藏在中国传统文化的主体意识里，也就是说具有文化原力。例如，西汉汉武帝时期就有名驹——汗血宝马。古代的战场，名将配宝马，成为千古佳话。宋朝辛弃疾在《青玉案·元夕》中写道：“东风夜放花千树。更吹落、星如雨。宝马雕车香满路。凤箫声动，玉壶光转，一夜鱼龙舞。”其中就有“宝马”一词。可见“宝马”一词具有与生俱来的指令“原力”。

好名称具有很大的优势，名称通常是一种开门见山的展示。实践证明，很多名称本身就是成功的最主要因素。

一个有助于留下深刻印象的名字具有巨大的认知优势，一个能讲故事的名字一字千金。

如果名称本身能说清楚一个事情，这个名称就自然而然具有很大的吸引力。在广告中，产品名称一般都会放在很显眼的地方。有些名称自身几乎就是个完整的广告。“七度空间卫生巾”“仙肌冻龄美容仪”“午后奶茶”就是这样的名称。这类名称自身足以说明产品，所以对它进行展示就很有价值。

好的品牌名字是好记、好认，通俗易懂，嫁接文化原力。接下来刘述文这厮为你介绍几种命名方法：

（1）文化常识与经验命名法

常识与经验是最为简单的文化原力。“常识与经验命名法”就是要从商品的购买理由出发，提炼出简单的品牌概念，进而借助文化原力的常识找到与其对应的命名词汇。

“深圳企业通”就是常识与经验命名的好名字。中国工商银行深圳分行旗下金融产品服务是免费为创业者提供“从名称预先核准到设立工商注册、设立组织机构代码、设立税务登记”等公共事务的代办服务。

从目标人群来看，该产品的目标人群是准备创业和正在创业的人，主要解决他们在企业设立登记和快速成长的问题。我们首先找到了为企业服务的“创业快车道”的品牌概念，创业快车道是目标消费者文化主体意识里所存在的常识与经验，由此，为其命名为“企业通”，定位在深圳，所以叫“深圳企业通”。

同样，在为海南相得公司旗下的房产销售管理平台命名时，因为该软件产品主要是帮助销售员更轻松售楼，所以为其取了具有常识与经验的好名字——“售楼通”，让客户一看就明白。

（2）商品文化属性直观命名法

没有什么比“直观”更能直达消费者心扉了，好的品牌名字都是直观传达商品的属性，抵达消费者的心智。例如中国联通、中国移动、全球通就是直观表达对该通信商品的瞬间联想，就是好的品牌名字。

如果你的品牌当前正面对国际化市场，要进行全球化命名，除了名字中具有商品属性，还要体现国际化视野，你可以参考海能达的品牌命名方法。

2010 年，海能达通信股份有限公司对原名字“好易通（HYT）”进行更名（原名字在海外遇到不能注册的情况），更名为“海能达”。大意为：面对全球市场的海阔天空，专网通信客户的海量需求，有能则达。将英文“HYT”变为“Hytera”，其中前三英文字母与 HYT 原名相同（与原名联结度高，目的是传承品牌资产积累），era 代表时代、纪元，是一个重要阶段的总称。Hytera 的英文命创意，在一定程度上保持了公司原品牌 HYT 的既有品牌资产，同时也展示出公司迈向国际化的新纪元。海能达（Hytera）几个字直观体现了“海量需求，有能则达”的品牌直观联想。

（3）创始人名命名法

如果产品一定要有一个通俗的名字，最好的名字莫过于用创始人的名字，这比一个精心设计的名字要好得多。

品牌创始人是品牌重要的命名原力，一个人的名字代表一个独特的符号，创始人的名字代表了独特的品牌。创始人命名表明某个人为自己的产品感到非常自豪。很多知名品牌都是以创始人名字命名的。

例如，梅赛德斯·奔驰品牌就是人名命名，梅赛德斯是一个小女孩的名字，奔驰是汽车发明者“本茨”的名字；美容护肤品的世界级巨头雅诗·兰黛是创始人雅诗·兰黛的名字；时尚品牌古驰就是创始人古驰奥·古驰的名字。

不仅如此，时尚界很多国际品牌都用创始人名字做品牌名字，例如Armani（阿玛尼）、Bentley（宾利）、Berluti（伯鲁提）、Chanel（香奈儿）、Burberry（巴宝莉）、Cartier（卡地亚）、Ferragamo（菲拉格慕）、Givenchy（纪梵希）、Louis Vuitton（路易威登）、Prada（普拉达）、Tiffany（蒂芙尼）等都是用创始人名字作为品牌名称。当然中国本土也有王老吉、王致和、丁家宜创始人等名字命名的品牌。

（4）动植物命名法

如果以上命名法你都不满意，刘述文这厮建议你不妨试试最简单有效的命名法，即植物、动物命名法。

近几年，很多科技产品和“互联网+”的品牌喜欢用植物或动物命名，植物类的有苹果手机、蓝莓手机、西瓜视频、瓜子二手车、毛豆新车等；动物类的有天猫、快狗打车、盒马鲜生、猪八戒网等。此类命名法，用耳熟能详的动植物，更容易被消费者记住。

◎ 广告口号是第二个文字符号

品牌营销是一场在消费者心中进行心智争夺的传播运动，在这场攻心的运动中，广告口号担纲排头兵的作用，煽动营销传播的势能与方向。

《现代汉语词典》中这样定义口号：“供口头呼喊的有纲领性和鼓动作用的简短句子。”一个强大的口号能够将所有的力量集中于一个核心购买理由或者一种情绪。

（1）广告口号来自人的认知和常识

当前信息泛滥，人们被迫对信息进行简化归类，运用经验性的常识来作判断，把与已有认知不符的信息统统滤掉。同时，人的行为是遵循惯性的，人喜欢趋从于以往的常识、经验而来进行当下的选择。

亚伯拉罕·林肯曾说："你必须利用语言、逻辑和简单的常识来明确核心观点，并付诸具体行动。"常识不受感情和智力因素的影响，它也不依赖于特殊的技术知识，换句话说，你看到的是事物本来的面貌，不掺杂感情和个人喜好，没有比这更简单的了。

常识是人们共享的智慧，它作为一种文化原力的购买指令而被公众接受，因为看起来真实可信。但是许多营销从业者不相信他们的直觉，忽视常识的力量，总是觉得一定还隐藏着更为复杂的答案。

（2）好的广告口号必须可以促成最终的行为

广告口号是购买指令之一，那么，什么样的广告口号才是好口号呢？

好口号一定要通过测试，经得起推敲，有时候你认为好的口号，不一定是真正意义上的好口号。广告的目的就是把商品的购买理由尽可能准确无误地传达给目标消费者，好的广告口号要从消费者中来，到消费者中去，能够打动他们并产生情感共鸣。

要设计一个好口号，我们就不能在会议室里从"品牌调性""专业知识"的角度去分析，而是能让一线的人愿意用这个口号。你要知道，我们所设计的广告口号，首先要自己的员工愿意用，并且这口号对他（她）有用！例如，"香木香羊，不一样的香"，香木香羊的店员愿意说，愿意用，有自豪感，这才有生命力。

刘述文这厮总结出了以下五种广告口号类型：

（1）功能型——强调解决一个问题。如果你的品牌有很强的功能差异化，功能型是首选。例如，困了累了喝乐虎；多快好省上京东；有汰渍没污渍；怕上火喝王老吉。

（2）直接型——告诉消费者我是做什么的，能为你做什么，形成指令单刀。

例如，果冻我要喜之郎；奶茶就要香飘飘；爱她就请她吃哈根达斯；巴黎欧莱雅你值得拥有；神州行我看行；去头屑用雨洁。

（3）态度型——亮出你的品牌态度，与消费者形成情感共鸣。

例如，坚果手机漂亮得不像实力派；晚报不晚报；JUST DO IT；你的能量超乎你的想象；营养还是蒸的好；让一切自由联通；福特进无止境；钻石恒久远，一颗永流传。

（4）体验型——阐述体验，让描述有画面感，用身临其境的体验来调动消费者的感官。

例如，味道好极了；农夫山泉有点甜；驾驶的乐趣；就是这个味；这酸爽简直不敢相信。

（5）嫁接型——将购买理由嫁接到歌曲、诗歌、曾经的口号上，形成共鸣。例如，我爱北京天安门城南五十公里；山高人为峰；今年过节不收礼，收礼只收脑白金。

广告口号是一种艺术语言，艺术总是散发独特的魅力与能量，创作广告口号时你要戴着购买理由的脚镣跳创意之舞。刘述文这厮建议你遵循“三大步骤”和“十个原则”来创作好的口号。

第一步：瞄准购买理由，明确“说什么”

首先，你得掌握有关产品的资料，市场状况，消费者的心理和习惯，还要对竞争者及其广告、影响销售的社会和自然因素、销售渠道等开展调查。其目的是购买理由定位，明确广告口号的核心主旨——“说什么”。

第二步：思考提炼，理顺“怎么说”

其次，为避免主题不明，你的广告口号最好只讲一个重要信息，最多不超过两个信息点。你需要发挥自己的想象力和概括能力，捕捉引人注目的信息，再将信息嫁接文化原力，提炼出简明扼要、令人瞩目的广告口号。

第三步：灵感修正，让言语“说出彩”

在你掌握了一定资料并经过思考提炼后，你想出了几个广告口号，这时你可以放下手中的笔，做点其他的事，放松身心，灵感才容易迸发出来。当你找到感觉不错的广告口号后，再从创作的氛围中抽离、冷却，冷静地看待加上客观地审视，经过反思，就基本能得到一个较好的广告口号了。

同时，你必须遵循以下“十个原则”来让你的广告语出类拔萃：

（1）让句子简短；

（2）挑简单的词，不用复杂的词；

（3）选熟悉的词；

（4）避免不必要的词；

（5）用动词做谓语；

（6）口语化；

（7）用读者可以理解的术语；

（8）结合读者的经验；

（9）充分利用词语多样性；

（10）以表达为目的，而非以吸引人为目的。

此外，你还需要一颗善于观察、细腻的心，能充分洞察消费者的需求，这样才能创作出直击人心的广告口号。广告口号类似美女，有高贵的，有朴实的，有惊艳的，有冷淡的，其最终目的是为品牌销售服务，为营销服务。牢记这一点，才能让消费者看见你的广告口号就有购买的冲动。

广告大师比尔·伯恩巴克曾言：“你可以准确地描述一个产品，但没有人倾听你。你的话必须直击人们的心灵，引起他们的情感共鸣，否则，就起不到任何作用。”

广告口号作为行动指令，其最终目的是让消费者采取购买行动，并在广告停播之后仍然保持销售力。如果不能引起消费者的情感共鸣与反馈，不能促成最终的行为，这个口号就是无效的。

以上文“深圳企业通”为例，刘述文这厮创作了“深圳企业通，创业更轻松”的广告口号。其实，这个口号是从消费者那里得到的，之前我们创作的广告口号是“创业启程快车道”，虽有非常好的视觉形象联想，可是，经过几轮对目标人群的测试，在与消费者的交流过程中，得到了消费者的一句心声：“能让他们少很多烦恼、更轻松是该产品最大的感触。”因此，我们创作了新的广告口号——“深圳企业通，创业更轻松”，这个口号一下子说到了消费者的心坎里，也很容易为目标人群带来轻松创业的联想。

图 3-9　深圳企业通平面广告

图 3-10　深圳企业通地铁广告

同样，官山红品牌的“红脚的，艾才好”也是直指人心的广告口号。“红脚的，艾才好”的作用是提示消费者购买，建立什么是好艾的标准。官山红出品的“红脚艾”就是好艾，所以聚焦“红脚”，将“红脚艾”与“好艾”形成强指令，强化消费者对红脚艾的认知，“才”字增强语气。广告口号加入品牌核心概念“红脚艾”，把超级话语传播出去，官山红品牌的最大利益点也跟着传播出去。

话语即权力，广告话语就是权力。海能达通信“让世界更安全更有序”的口号，围绕打造全球通信安全中心的企业战略，将人类普遍潜意识中“安全”的原力与海能达提供“安全”产品核心价值进行嫁接，以抢占海能达在通信安全领域无可置疑的第一话语权。

在创意广告口号时，你必须简短、清楚、有说服力地表达，过于精美的广告口号显然是不利的，就像独特的文风并不一定吸引人一样。它们对主题过于关注，暴露了“鱼钩”，就像所有精心策划过的推销企图，如果暴露于表面，就会引起相应的抵触。

3. 感官符号是第二符号指令

刘述文这厮这样理解品牌：一个伟大的品牌的精神归宿，是成就一个伟大的符号系统，事实上，这也是品牌出发的地方。一个品牌就是一套高效的符号系统，今日中国纷繁复杂的传播环境，更决定了符号是唯一高效的品牌传播方式。

人有视觉、听觉、嗅觉、味觉、触觉，符号指令首先要被这五大感官识别，从五大感觉嫁接文化原力，形成有效的符号指令，也就是购买指令。

◎ 视觉符号指令

人类天生对图像、图形、色彩等符号形象，有超强的记忆力。人的大脑百分之七十由视觉符号所主导，人们主要通过符号来识别、记忆和做购买决策，品牌需要一个强大的符号在消费者大脑里留下印记，触动消费者购买，因此寻找并创意“视觉符号”尤为重要。

品牌要在消费者心智中打下烙印，视觉是所感知的第一符号。

视觉是消费者最依赖的感觉，我们最熟悉的感官记忆莫过于品牌视觉。营销人员往往认为品牌设计最主要的功能就是与其他企业或产品上形成区隔，这主要是从美学和记忆度方面进行设计，当然从感知来看，标识的美观性会对消费者的直觉有重要作用。

令人遗憾的是，目前很多品牌视觉的设计，都遵循“识别导向”和“美感导向”的思路，并未引入“行为影响目标导向”，并未将人类集体潜意识的“文化原力”嫁接到设计中，以至于真正形成购买指令的视觉设计少之又少。

图 3-11　小龙哥

图 3-12　烟斗老头

图 3-13　万宝路牛仔

图形与色彩的冲击力形成超级符号，比如小龙哥（李小龙演变）是快餐真功夫的化身；“烟斗老头”成为慕思床垫专家形象；万宝路西部牛仔代表的是自由精神等，这些嫁接文化原力的符号都是很棒的品牌符号。

那么我们该如何通过视觉符号进行创意？刘述文这厮从产品设计、包装标识、广告等方面来讨论一下如何嫁接文化原力做创意。

产品设计的符号创意

成功的产品或者流行的爆品都有一个特点，即嫁接文化原力，成为超级产品符号。故宫文创、可口可乐就是成功的超级产品符号。

故宫无疑是当下嫁接文化原力实现创造性转化、创新性发展的样板。从“胶带”到“冰箱贴”，近年来，故宫的许多文创产品成为“网红”，2018 年的文创销售额超过 15 亿元人民币。

作为一个拥有近 600 年历史的文化符号，故宫拥有众多皇宫建筑群、文物古迹，成为中国传统文化的典型象征。

图 3-14　故宫文创产品——口红

图 3-15　故宫文创产品——白酒

创意时代，故宫不再仅仅是建筑物，故宫嫁接传统文化原力，做出了许多契合现代生活的产品，它可以是你手中的铅笔、模型，甚至是胶带、口红、手表、白酒（如图 3-14 和图 3-15 所示）。其中，故宫娃娃系列，因具有趣味性而受到少年喜爱，手机壳、电脑包、鼠标垫、U 盘等，因具有文化符号而持续热销。

商品包装的符号创意

“人靠衣装马靠鞍”告诉我们包装是何等之重要。顾客面对没有消费过的商品，包装便是顾客认知的第一个符号。香水行业有一句名言：“精美的香水瓶是香水最佳的推销员”，包装精美代表了质量上乘，总会吸引消费者的关注，唤起消费者的购买兴趣。

商品包装的功能包括两方面：一是物理功能，即起到保护商品、显示商品性质、传递商品信息的作用；二是起到吸引消费者注意、引起消费者兴趣、象征商品意义的作用。

很多消费者把商品包装质量当成商品本身的质量，如果不了解该商品的内部质量，则经常凭商品包装的特点来作为判断的依据。

要设计好包装符号，我们要从卖场的货架（实物货架、电商电子货架）去思考，这也是包装设计流程的第一步。因为包装设计的性质，不仅仅是设计这个包装符号，而是从整个货架来创意包装符号。

你的包装要把货架、展示台、堆头当媒体宣传用，将它们当作卖场最大的广告位。将货架、展示台、堆头视觉化，形成强势的大创意符号，用符号刺激购物者的本能反射。让包装成为出色的 24 小时视觉导购员，哪怕在 10 米开外也能吸引消费者眼球，让消费者按照包装指令选购商品，所以要做“媒体宣传导向的包装设计”。

商品包装创意是引导购买者思维过程的设计，是提醒购买者注意、引诱购买者拿起、鼓动购买者行动等一系列行为的设计。以一个强有力的符号为中心是包装设计的基本原则。商品的包装创意是和购买者进行对话交流的设计，也是购买者视觉指令的设计，要把包装本身做成货架上的强势符号，创造陈列优势，在不经意间改变人的思维和看法，形成购买指令。

包装色彩是极为重要的文化原力：红色是一种温暖兴奋的颜色，是喜庆、礼品的符号；绿色是一种青春、活力、自然的联想，是绿色健康、生鲜食品的符号。

统一符号、统一形象的包装设计在商品销售过程中起着强化记忆的作用，当消费者在第一个零售点见到该商品时，可能会对该商品的形象产生一些印象，当消费者在第二个零售点见到该商品时，统一的符号、统一的形象会唤起消费者的记忆。随着消费者见面次数增加，包装的符号与形象逐步加强，如图 3-17、图 3-18 所示。

图 3-17　暨晴艾品牌系列包装

图 3-18　暨晴艾精油产品包装

产品包装要能快速，甚至瞬间被消费者识别，并清楚地表达。例如，可口可乐经典弧线瓶，嫁接了人体形象的原力；绝对伏特加是以产品外观特征，嫁接了纯净的特性价值原力。

图 3-19　可口可乐包装

图 3-20　绝对伏特加包装

标识的符号创意

标识是品牌理念的象征，是品牌符号的核心。好的标识设计就是超级视觉符号，自带流量。标识就是要塑造一个高度简练的符号，进而在消费者心智中产生清晰鲜明、独特的大脑画面，画面越鲜活，就越容易想起来，顾客选择该品牌产品的可能性就越大。

前面已经讲了，符号创意的核心是将购买理由嫁接文化原力，成为超级符号。那么，标识的符号创意中，该如何嫁接文化原力进行符号创意设计呢？刘述文这厮建议分两步走：

第一步：先找出该品牌的品类属性。

标识成为高度简练的符号，首先要体现品牌所处的行业或品类价值的识别性。例如，你是从事银行工作的，你的品类就是银行；你是卖药品的，你的品类就是药品，不是食品；你是卖手机的，品类就是手机，不是耳机。

第二步：发现文化原力，并嫁接文化原力。

我们可以从能代表品牌的品类最基本的文化元素开始寻找，例如，在中国，银行品类的最基本元素就要从古代货币的文化原力中去找，方孔铜钱和刀币就是银行的文化原力。而药品，分为中药与西药，中药的草药品类、葫芦、太极图以及中医文化就是文化原力，而药丸、药外观形象就是西药的文化原力。这些符号创意，让消费者一眼就能识别出你的企业或者品牌所从事的行业、品类。

接下来，我们要做的就是用上文讲的创意方法嫁接文化原力，形成新的符号创意。例如，刘述文这厮在为香木香羊设计标识时，就是在品类价值里嫁接了贺兰山“羊”岩画图腾的文化原力，传递宁夏滩羊文化。

图 3-24　香木香羊 LOGO 设计

图 3-25　MEELOVE LOGO 设计

从品牌资产来看，品牌名是第一资产，标识是第二资产。因此，品牌符号从品牌 LOGO 就开始打造最好不过。

这个 LOGO 为什么是羊？

——因为名字里本身就有个“羊”字，用了一只羊，寓意为企业的经营业务是烤全羊；

为什么是羊角卷的羊？

——因为他们家的羊是宁夏盐池滩羊，池滩羊的角是卷的，这个羊图形来自贺兰山的岩画，看岩画可知一千多年前羊就长这样子；

下方为什么要放几个不认识的小字？

——小字是西夏文——香木香羊的意思，是香木香羊起源地的西夏文字，在此，体现了香木香羊源于上千年的西夏文化原力。

超级视觉符号方便消费者认知，人人有认知，人人看得懂，它可以轻易地改变潜在客户的品牌偏好，可以在短时间内发动大规模的购买行为，让品牌自动成为消费者的首选对象，也可以让一个全新的品牌在一夜之间成为亿万潜在消费者的老朋友。

接下来我们看一个时尚品牌的 LOGO 设计。

作为新锐的钻饰品牌，MEELOVE 的标识符号就是降低沟通成本，能让消费者快速记忆的符号。在 MEELOVE 品牌视觉符号设计中，对“O”与“心”形进行了巧妙嫁接设计，整体造型和谐醒目，能快速迎合目标受众的认知，同时也凸显了人人有认知、人人看得懂的钻戒文化原力——代表“真爱之心”。

为什么只用“MEELOVE”英文字体呢？

——因为品牌符号要极度简练，品牌名是“MEELOVE”，名字是购买指令的第一符号，当然用最直观、最简练的符号语言，让消费者一看就明白，一看就接收我们发出的指令信号。

为什么要将“心”形与“O”结合呢？

——因为“心”形代表了爱情的真心，钻饰品牌 MEELOVE 所做的就是传递“真爱之心”的事业，将品牌名字嫁接“真爱之心”的文化原力，让更多有情之人完美地表达爱意，这个设计成为人人都喜欢的视觉符号，一下子就拉近了与客户之间的距离，与其产生情感共鸣。

广告的符号创意

广告的核心功能是说服。广告符号创意不能离奇怪诞，不能漫不经心地对待你的诉求对象，不要因为某些轻浮的尝试而降低对你或者对你产品的尊重，人们不会惠顾一个小丑。广告符号必须有助于销售商品，它应该发挥非同凡响的指令力。

广告符号创意不要仅仅为了引起别人的兴趣、愉悦就去做某件事。你要以最简单可行和最低成本的办法赢得你的消费者。

因此，你的品牌和消费者沟通，最美好的状态就好像贾宝玉初见林黛玉，一句“这个妹妹我以前见过”，瞬间就抹掉了陌生感，拉近了距离——因为这个妹妹一直住在贾宝玉的灵魂深处。

广告符号创意要嫁接文化原力，建立与消费者似曾相识的感觉，刘述文这厮总结了以下几个进行符号创意的方法：

（1）第一个方法是嫁接“人物原力”

在诸多品牌塑造过程中，你会发现名人、明星、创始人等人物是最容易被快速建立品牌的。在你的广告中让创始人作为画面的核心，让它们表现出权威的个性。只要有可能，你就要在广告中加入人性的东西。

我们谁都挡不住一张名人面孔的诱惑，一个名人几乎可以立即将某种风格、情感和含义注入任何地点、产品或者情景中，名人的人物形象有别于其他任何一种广告符号。

图 3-26　格力董明珠

图 3-27　莱昂纳多·迪卡普里奥

图 3-28　陈国庭卓资熏鸡

同时，因为“人”有与生俱来的标识性面孔、性格，赋予品牌人格化的脸谱。品牌脸谱越富有个性和特点，就越容易被吸引，就越容易被转化为销售建议。人的这些特质使品牌被快速识别，让品牌活起来，红起来。

有个性的人物形象也可以像有个性的人一样赢得别人的尊重。有些广告创意你很愿意去看；有些只是让你感到乏味无趣；有些让你为之一振；有些则太普通；有些给你信心；有些只能让你变得小心。

陈国庭熏鸡的案例用广告视觉符号创建购买指令，生动地诠释了陈国庭熏鸡“老字号”与“正宗”的购买理由：

第一个购买指令：陈国庭 IP 形象——超级视觉标识符号：

为什么要用创始人“陈国庭”来做标识符号？

超级符号能让一个新品牌，在一夜之间成为亿万消费者熟悉的老朋友，并且迅速建立品牌偏好，发动大规模购买。让一个人出名，就可以让他的产品出名。创始人的人物形象，是品牌永远的代言人。陈国庭的超级符号形象，就相当于肯德基品牌的上校，真功夫品牌的小龙哥，王致和品牌的王致和。消费者一看就明白，一看就认准陈国庭符号，认准陈国庭卓资熏鸡。

第二个购买指令：卓资熏鸡

为什么要用“卓资熏鸡”？

因为“卓资熏鸡”是品类的共同点，“卓资熏鸡”的符号让人一看就明白，降低与消费者的沟通成本，同时传递了陈国庭就是正宗“卓资熏鸡”的代表和代言人。

“陈国庭”与“卓资熏鸡”的两个超级符号，让品牌同时具有差异化和共同点，占据品类与品种价值，在消费者心智中建立“陈国庭”与地道卓资熏鸡之间的强关联。让消费者一看到这两个超级符号就形成购买指令，打开“播放按钮”产生购买行动。

图 3-29　陈国庭熏鸡品牌

（2）第二个方法是嫁接“文化原型”

人们喜欢适合胃口的资讯，他们想要从中受益或者从中取乐，想要能够让他们开心、快乐，带来内心共鸣的东西。

而这个带来内心共鸣的方法就是利用文化主体意识里的某个文化原型，进行广告符号创意。文化原型可以是人们熟知的人物、动物、文化中的造物或者植物，例如你可以用《西游记》中唐僧、孙悟空的文化原型来创意，也可以利用《功夫熊猫》中阿宝熊猫的文化原型来创意。

此外，像蜘蛛侠、钢铁侠、超人、小黄鸭等具有人格特征的动物或者动漫形象也是不错的文化原型。这些原型形象，一是有故事原型，二是有了眼睛、嘴巴和鲜明的五官个性，一旦被媒体放大传播，很快就能成名，被感知，被记住，成为一种品牌符号。

需要注意的是，要用推销员的标准而不是娱乐的标准衡量广告符号创意，因为广告不是写来取乐的。不要把大众看作娱乐消遣者，这会让你的认识模糊不清，不要和消费者逗乐子，花钱是一件严肃的事情，广告符号就是只做那些推销员在面对一个热心购买者时应该做的事情，指令消费者行动。例如肯帝亚地板就嫁接了文化原力，就是让消费者行动的广告符号，如图 3-30 所示。

图 3-30 肯帝亚地板

（3）第三个方法是嫁接“文化背景”

作为有形产品，你的产品是核心要素，永远应该是广告符号创意的主角，你应该快速建立一个瞬间感觉，在文化主体的文化背景上突出产品原型的显著特征。例如，绝对伏特加独特的产品瓶形特征，成为所有广告符号创作的基础和源泉。绝对伏特加已经创作了七百多条广告，包括平面、网页、电影和其他形式的广告——“绝对伏特加酒瓶是永远的主角”。

单从广告符号创意的角度讲，绝对伏特加的成功在于它能完美地体现出产品的特点，将产品与各自形态的生活场景、文化主体意识元素嫁接，每一则广告都能透过厚重的历史、文化的背景更加深层次地挖掘出绝对伏特加的品质内涵，进一步体现出它的尊贵与品位。数百张平面广告的符号创意都是采用一种相近的组合方式：所有广告的焦点集中在瓶形，根据每个国家、地区的文化背景，创作“绝对经典”的绝对符号，如图 3-33 所示。

图 3-33　绝对伏特加广告

当然，你不应该只是因为视觉符号有趣就使用它们，也不应该为了吸引眼球或者是为了让别人觉得有趣就使用它们。你并不是为了取悦大众而创意视觉符号，而应围绕着让消费者花钱购买你产品的精准而严肃的主题。

（4）第四个方法是嫁接“戏剧化情节”

戏剧一直存在于文化主体意识中，人人都喜欢看戏，喜欢戏剧化的情节，被戏剧化的冲突深深吸引。相声、小品、舞台剧、魔术、双簧等表演形式都具有戏剧性效果。

戏剧化表达能激发诸多感觉和想法，一个图像会勾起别的图像，唤起你的记忆和情感，甚至会引发微笑、积极参与的肢体行为，你也会将这些想法和感觉编成一个与自己的处境有关的完整记忆，在你的潜意识里生成印象和冲动。

作为创意人，你必须具有把已知的东西与可信的东西放在一起重新组合，并创意出有趣的联想能力，这样才能真正打动消费者，直指人心。而这个联想创意方法就是“戏剧化联想”，也叫“戏剧化表达”。戏剧性是把人物的内心活动（思想、感情、意志及其他心理因素）通过外部动作、台词、表情等直观表现出来，直接诉诸观众的感官。

如何嫁接戏剧化表达的文化原力，才能与消费者共鸣呢？刘述文这断为你梳理了两个方法。

1）让常识不寻常

首先你要找到能够理解产品和消费者的“常识”词汇。一般情况下，你可以根据产品和消费者的情况，用一个能够表示它的词：用一个动词可以使它动，用一个形容词可以准确描述它，用一个名词可以使它场合化，常识的词汇就是最亲近消费者的。

此种创意方法的出发点是你的产品特点、产品使用方式与消费者的使用场景、生活习惯相结合，从你的产品出发去寻找消费者心中对应的“常识”点，即认为产品中必然包含消费者感兴趣的东西。

运用常识表达方法，创建符合目标受众期待的信息，需要你深入目标受众的头脑之中，了解他们对世界的看法。这对你既有的认知是一种颠覆。因为你无法再花心思精心准备你要说的语言，而要去创建目标受众想听的语言，这个语言是人人都能懂的。如果你做不到这一点，你的说服效果就会大打折扣。

图 3-34　农夫果园广告

此外，常识表达的重要方式是将你的品牌融入消费者生活中，从品牌使用方式、生活场景中找到诉求的突破点。农夫果园由三种水果调制而成，根据“三种水果”需要混合的这一特点，创意了“农夫果园，喝前摇一摇”，就是人人能看懂的戏剧化表达。换句话说，你必须找到传达产品与生俱来特点的最为准确的方式，用一种“可意会、可感知”的方式，使广告对于消费者具有最大的戏剧性效果。

2）让你会心一笑的幽默感

很多时候，我们常常被有幽默感的人吸引，卓别林、憨豆、周星驰就让我们难忘。

幽默是戏剧化表达的重要表现方式，幽默表现不但能提高关注度，而且具有良好的传递效果。好的戏剧化表达不仅有意义，还得有意思、有趣味。受众的个体差别很大，如教育程度、性格、社会背景、文化背景、生活态度等的差异都会对其是否接受某个幽默诉求产生很大的影响。有时候，过于强烈地追求幽默会限制接受对象，反而降低关注度。“适可而止，点到为止”是幽默方法运用的关键点。

例如，营销策划人员发现有的消费者习惯将饼干浸泡在牛奶中吃，将这个有趣的习惯运用到广告中，让这种淘气而又充满乐趣的吃法成为消费者“好玩”的一面。因此，奥利奥饼干有了“扭一扭、舔一舔、泡一泡”的广告创意。

为什么目标受众，尤其是年轻消费者不喜欢用语直白的广告？而喜欢更有意思、更有趣的幽默表达方式。这是因为直白信息没有传达目标受众想听的信息，它传达的只是信息发出者想传达的信息。

广告也是这样，你所拥有的东西只会让部分人产生兴趣，并且是出于特定的原因。你只能关注这些人，然后创作一个勾住这些人的标题。或许，一个聪明幽默的话语可以吸引更多的人，可是这类标题大多包含着一些与你的商品无关的东西，而你所期望的顾客可能从来没有认知到这个广告宣传的是他们想要的某种东西，这种幽默方式就适得其反。

谈到戏剧性表达，不得不提到著名广告人李奥·贝纳，他认为，广告创意最重要的任务是把产品本身内在固有的刺激挖掘出来并加以利用，并把这种刺激称为“与生俱来的戏剧性”。他创作的绿巨人广告，成为标志性广告，如图 3-36 所示。

图 3-36　绿巨人广告

你可以这样理解：戏剧性的广告创意方法是把与生俱来的戏剧原力挖掘出来并加以利用，也就是说要发现企业生产这种产品的“原因”以及消费者购买这种产品的“原因”，形成重新组合的戏剧化冲突。例如，将植物与人的五官结合，成为一个“植物脸”形象，将“无数个彩灯”组合成一棵“圣诞树”形象等，比如 2005 年日本爱知世博会吉祥物——森林小子和森林爷爷。

戏剧化表达时，你必须朴实单纯，戏剧化语言不能太标新立异，要吸引顾客，就像要吸引鱼儿上钩一样，不能暴露出自己的鱼钩来。

广告创意在于有效说服消费者行动。用戏剧性创意指令说服消费者还要我们仔细研究商品自身的独特性，无论是一瓶水、一块面包，还是一台电脑，一般来说，只要它存在，就有某种特定的因素在起作用，使

图 3-37　森林小子和森林爷爷

得制造商去生产它，使得消费者去不断购买它，这个特定的因素本身就是商品的原力，广告创意就是去尽力挖掘这个文化原力，同时，以独特、聪明、有趣的戏剧化方式嫁接这个文化原力，以引起消费者的共鸣。

符号创意要满足共同点与差异点的联想

首先，从品牌自身与竞争者所属的行业来建立共同点——品类或品种共同点联想，即共同点是你的品牌与其他品牌共同享有的。例如“说话算数”的诚信精神是做金融、保险行业共同具有的。

其次，从消费者角度找差异点，通过文化原力达成消费者对商品的独特认知。例如，为了与同行区分，信和财富的“财神爷”符号创意就是在文化原力上找到了差异点。

再比如，王老吉要大量销售，首先要满足“饮料”的共同点联想，如果没进入饮料这个大的行业品类，那么就很难被普通人群消费；其次要满足“预防上火”的差异点联想，有了这个消费者角度的差异点，才有了“怕上火”人群，当然这个概念是中国大部分消费者都接受的。在具体的广告设计中，在吃火锅、加班等容易上火的文化原力上做创意。而随着“怕上火”这个概念的推广普及，凉茶品类品牌日益丰富，这个“怕上火”也成了王老吉、加多宝等凉茶的共同点。

酒店行业最大的共同点是要满足“干净”的联想（汉庭酒店就打

出了这个概念，并用戴帽子的白马形象为广告创意符号），这个点是行业共同要有的（酒店就是要干净，不干净谁住呢?），而如果我们再给别的酒店做品牌营销创意，该怎么做？那就要从消费者角度的差异点上来寻求突破，不仅要包括“干净”，还要从其他方面，如“安静”“家的感觉”等差异化特点来创意。在具体的广告符号创意中，借助既讲究“干净”，又要“安静”的文化原力来创意，例如用燕子、喜鹊等具有这一特点的动物创意一个广告符号。

品牌营销是心智占有，无论是购买理由，还是像广告符号这类的购买指令创意，都讲究一个先知先觉，谁先占据这个有力的共同点（因为这个点是很普遍的，这个点的原力是最大的），谁就先占有巨大的消费人群。这就是为什么王老吉与加多宝要争谁是正宗凉茶的原因，因为“怕上火”这个文化原力的消费者巨大。所以，一旦这个共同点被占有了，那么只能从别的差异点去找文化原力。例如，和其正也是做凉茶的，“怕上火”这个原力已被别的品牌占有了，和其正的广告创意只好从家庭团圆、聚会等文化原力上来做区隔。

◎ 其他符号创意指令

听觉符号创意

当你在开车时，你听到“叮咚、叮咚、叮咚、叮咚”的救护车声音会立即让道，这就是听觉符号的指令威力。发出滋滋声的牛肉，是一个购买指令。华为手机的默认铃声“Dream it Possible”，无疑是最为成功的品牌听觉标识符号之一，让大家一听到这个铃声就知道你用的是华为手机。

因此，声音标识符号、广告歌曲等这些听觉符号手段也要嫁接文化原力，例如，香飘飘给人的感觉更加香浓，娃哈哈给人开心的感觉，脉动让人精力十足、精神焕发。

音乐也可以影响购买，音乐让不同行业的相关概念触发了你的联想，从而让消费者自动启动播放的购买指令。例如快餐行业的麦当劳、肯德基通过在店里播放激扬奔放的快节奏音乐，来刺激你快速饮食行动的购买指令；西餐厅通过节奏缓慢的舒缓音乐，唤醒消费者放松的购买指令。

触觉符号创意

消费者喜欢通过触觉判断产品的质量和技术含量，你应该发挥商品或与商品相关物的触觉优势，形成可积极感知的触觉符号，让消费者产生记忆深刻的触觉印记。

《乔布斯传》记录下了乔布斯对产品触觉的一个观点："当你打开iPhone或IPAD的包装盒时，我们希望那种触觉体验可以为你定下感知产品的基调。"通常来说，尤其是有形商品，你可以从产品设计、产品包装、购物环境等角度来创意消费者的触觉符号，建立完美的触觉体验。

也就是说，你的品牌要在材料设计方面形成独特的触觉感知。例如产品包装材料、品牌宣传资料、营销物料乃至一个封面用什么纸张，用什么材质，都是一个触觉的设计。官山红的艾产品包装设计嫁接了"布料"质感的触觉符号，特别的布料触觉不仅便于消费者携带，更为女性消费者创造了贴心的感觉。

图 3-38　官山红产品包装"布料"质感设计

嗅觉符号创意

心理学研究表明：人们的嗅觉敏感度是所有感官中最强的。比如你正在睡觉，当你闻到咖啡味，你会快速做出反应：摩卡咖啡已备好，还是起床吧。

克里希纳教授认为，嗅觉信息的运转机制直接与记忆联结，这与其他感官符号不同。许多品牌都努力开发自己独有的专属香味以形成嗅觉符号，产生嗅觉印记，并增加消费者对品牌的识别度。嗅觉符号在食品上面，或者是在化妆品、酒店装饰上面是大有可为的。如今气味图书馆也在各大商场推广，特别是现在有热敏技术，在包装上甚至广告上手一擦一热就能闻到的味道，已经在嗅觉上给我们提供了创造的可能。再比如希尔顿酒店专门调的香水就是嗅觉符号。

看不见、摸不着的气味，快速刺激嗅觉，其影响深度不比其余的符号功效低，食品与生俱来的气味可以让消费者对某食品快速形成购买指令，并刺激重复购买。“酒香不怕巷子深”，说明了嗅觉对食品行业的重要性。卓资熏鸡——陈国庭熏鸡就嫁接了“古法郁香”的嗅觉符号，让消费者难忘。

嗅觉符号在服务企业的品牌中运用得较多，例如新加坡航空、万豪酒店都通过嗅觉建立了自己的符号体验。研究发现，喷上气味的商品令消费者对其商品特征的记忆更加深刻，并且这一效应会持续到两周后。

味觉符号创意

“还是原来的配方，还是原来的味道”，不知道你是否被这样的广告口号所折服。这就是味觉的文化原力。

味觉本身就是一个综合感受，除了依靠味蕾，味觉体验的形成还依赖嗅觉和触觉的感觉，研究表明，味觉偏好往往是在幼年、童年、少年时期形成的，因此很多餐饮、食品企业打下怀旧牌，例如餐饮“外婆家”、食品“老干妈”、白酒“老村长”等，只要能够让消费者尝出一些记忆中的味道，就能获得正面评价，成为积极的味觉符号。

味觉是食品的重要品牌符号，顾客就认准那个味道，比如为香木香羊定义的“酥香”味，成为消费者识别美味烤全羊的味觉符号。康师傅红烧牛肉面，就做到了味觉极致营销，以“就是这个味”始终唤起消费者的味觉记忆。

4. 嫁接文化原力，创意故事指令

如果要生动化描述一个品牌，作为另外一种创意打开方式，故事指令具有绝对的感染力。

为什么人们那么喜欢电影、电视剧，很多人甚至还追剧，就因为电视、电影在不断地讲故事，尤其是电视，每一集一个小故事，每一集又有承上启下的故事关系。故事启发人类思考，让人上瘾。

一个好的视频广告也是要讲述一个小故事，比如成长的故事、情侣相恋的故事、怦然心动的故事等。因此，无论你的广告是十五秒、三十秒还是一分钟，除了有词语——广告口号，更需要阐述一个完整的故事，虽然词语的指令能控制人的思维，词语的提炼让视频广告比电影、电视剧更锋利，可是没有故事，词汇就是生硬的发号施令，不具有很强的煽动力。

广告是品牌的一场秀，无论是视频广告，还是图文广告，或者软文广告，你都要给消费者讲述一个故事，嫁接故事的文化原力，打动消费者。

◎ 做好品牌就是要制造故事

什么能让一个人，或者一个品牌不断地流传下去，当然非故事莫属。

印度有一句古老的谚语：“人与真理之间的最短距离就是一个故事。”实质上，这是一个故事高手可以而且必须做的事情：通过一个故事，让听众一路走向真理。这就是说服的关键，营销的关键。

人类发展，就是由不同的人类戏剧组成，故事让人物和事件主角鲜活，而且易于人们的传播。人们都有爱听故事的习惯，小时候，我们就听妈妈讲故事，听爷爷奶奶、叔叔阿姨讲故事。上学时，我们爱看故事。长大了，我们喜欢与人分享故事，给小朋友讲故事，给身边的朋友讲故事……

我们都活在故事里，作家给各种各样的人编各种不同的故事，有童话故事，有成人故事，有帝王的故事，有百姓的故事，大众花钱忙着买故事、看故事。人们对故事似乎没有任何免疫力，《西游记》《三国演义》《水浒传》乃至《还珠格格》播了又播、拍了又翻拍，依然是老百姓喜欢看的故事。

导演不断制造故事，将文学作品改编为影视剧本、荧屏故事，让百姓花钱看故事。即使同一个故事，也愿意再多看一次。这个世界时时刻刻都在上演故事会，有欢乐的故事，有动人的故事，有真实的故事，有善良的故事，有邪恶的故事。

罗布·沃克的营销报告《买进》指出：通过理性手段，很少可以促使顾客选择有价值的产品。相反，人们在选择特定产品时，往往会听从卖方讲述的私人故事。

品牌要不断制造故事，市场是舞台，产品是演员，消费者是观众，营销策划是剧本，组合在一起就有了故事指令。你看那些有名的品牌就是在不断地制造故事，并不断地重复故事。让消费者边看故事，边认知品牌，同时不知不觉地选购品牌，传播品牌。

历史上著名的品牌都有自己的故事，例如，可口可乐有美国士兵的故事，迪士尼有米老鼠的故事，劳斯莱斯有手工匠造的故事，同仁堂有皇城的故事，海尔有张瑞敏砸冰箱的故事，褚橙有褚时健创业的故事……可以说，很多知名品牌就是由一个故事或多个故事而成的。

故事是汇总和简化信息的好方法；故事就像过滤器，帮助普通人记住大量的繁杂信息。其实，人类的本能就是吸收事实，并对它们进行连接和排序，直到变成一个合情合理的故事。

因此，品牌即故事，故事即品牌！做好品牌，你就要嫁接文化原力，制造故事。

◎ 好故事要有情感共鸣

现在让我们深入探讨人们购买某种产品的动机，以及促使消费者不断做出决定的具体故事。为什么我们会选择购买这款产品？故事在其中又扮演着什么角色呢？

你的品牌有许多无形的构成因素——回忆、厂家的传闻或真相、公众的意见、价值理念或错误观点，甚至是消费者对你的产品的真实感受或误导性感知——都会对消费者购买产品和品牌忠诚度产生巨大的影响。其中，情感纽带十分关键，它能让你的品牌脱颖而出，成为消费者的不二之选。

你该如何创造真实的情感共鸣呢——特别是当消费者忙忙碌碌、疲惫不堪的时候？其实，你可以这样思考：假设品牌是情感的东西，是产品的心脏，充斥着情感的脉搏。只有富有同理心的故事，才能创造人们与品牌之间的情感纽带，建立你的“情感优势”。

你的品牌故事要直击人心，需要引起消费者的情感共鸣，否则，就起不到任何作用。换句话说，人们购买你的产品的原因是你的产品故事或品牌故事引起了他们的情感共鸣。如果你能精心设计出目标明确的品牌故事，那将会产生巨大的力量，成功让消费者喜欢上你的品牌。的确，精彩绝伦的品牌故事可以躲避人们的防备，偷偷溜进他们的心里，成为打开消费者心扉的购买指令，让消费者的购买行为自动播放。

◎ 嫁接文化原力，创意故事指令

在消费者世界中，故事的主要人物就是代表主角的消费者。他们面临着种种冲突，需要什么东西来满足他们的功能需要或情感需求。故事成为指令后，可以使消费者克服这些冲突并实现其目标。

讲故事是你的品牌联系客户的有效手段，围绕着一套共同的价值观和理念，在强烈的情感纽带基础上建立起人际关系。讲好一个故事需要嫁接文化原力，并从以下几点出发。

（1）故事要解决一个冲突

故事的有趣性在于，通过讲述一个事情要解决一个冲突。作为品牌故事，你的故事最好解决一个大冲突，同时信息要保持简单。

在创造故事之前，你先设置故事的主角是谁。注意，品牌故事要强调单纯性，不能像小说那样复杂，你只能选择一个主角。其次是故事的主角想要什么。换句话说，主角的显著问题是什么。阐述这个问题的时候，需要结合内心情感需要和存在于主角之外的具体物质需求。接着，是什么阻止了主角取得自己想要的东西。最后，主角如何以一种非凡有趣且意想不到的方式去获取自己想要的东西。例如，在爱情故事中，你知道恋人想要表白，却不知道如何表白，德芙巧克力的品牌故事就是一个解决“如何表白”的故事。

德芙巧克力的创始人莱昂是个糕点师，为了向心爱的人芭莎公主表达自己的爱意，在芭莎的那份冰激凌上直接用热巧克力写了几个英文字母“DOVE”，正是“DO YOU LOVE ME”的缩写。他相信如果芭莎心有灵犀，一定会读懂他的心声。莱昂紧张地盯着芭莎，看着那份写着字母的冰激凌转到了她的面前，可是直到上面的冰激凌融化，芭莎也没有仔细看那几个字母，她只是发了很长时间的呆，然后含泪吃下他为她做的最后一份冰激凌。

图 3-39　德芙巧克力

故事的冲突是，因为冰激凌容易融化，而让莱昂“表白失败”。也就是说冰激凌阻止了莱昂想要表达的东西。后来，莱昂决定制造一种固体的巧克力，使其可以保存更久。经过精心调制，香醇独特的德芙巧克力终于制成了，“DOVE”这四个字母被牢牢地刻在了每一块巧克力上，莱昂以此来纪念他和芭莎那错过的爱情，它苦涩而甜蜜，悲伤而动人，如同德芙的味道。

从解决冲突来看，你的品牌将通过品牌故事凸显自身的功能特性，体现你能帮助客户实现目标和满足目标需求，德芙巧克力的品牌故事就是解决了一个表达爱意的问题。

（2）故事需要戏剧效果

一个非常有吸引力的故事，可以让人们情不自禁地聆听和吸收，也必定会引导人们去购买其产品。换句话说，成功的故事高手诱导顾客选购的方式不是操纵而是参与。

人人都爱看故事，就在于其本身所具有的戏剧化情节。故事本身有自己的戏剧化效果，但要通过潜台词来表达弦外之音。因此，你所讲的故事要深刻了解故事主题、语境和潜台词的意义，这样才能创造戏剧化奇迹。例如“小鸡啄米”的故事就具有戏剧化效果。

从前，有两只小鸡正在啄大米，突然遇到一只大公鸡。

公鸡说：“小家伙们，你们啄的大米怎么样？”

小鸡没有应答，它们继续啄米。

后来，一只小鸡问另外一只小鸡：“大米是什么东东？”

品牌故事也应该有如此出奇的戏剧化效果，诸如你的主角和配角如何在故事中发生变化。当然，这都是关于故事情节的问题，或许是真实的，或许是虚构的，就是这个变化让故事出其不意，在情理之中，又在情理之外，引发情感共鸣。同时，你也可以以戏剧化方式结束这个故事，突出你的主题。德芙巧克力的故事就具有戏剧化效果。

德芙巧克力故事的戏剧化效果发生在莱昂与芭莎公主的久别重逢。莱昂后来见到了苍老的芭莎，得知芭莎也深深地爱着莱昂，因为冰激凌融化，而让双方互不知情。他开始悔恨自己的愚蠢和疏忽，为什么要在冰激凌上面用热巧克力写字。由此，决定制造一种固体的巧克力，来表达爱意，使其可以保存更久。

品牌故事结尾突出了品牌主题，用德芙巧克力传递轻声的爱情之问：“DO YOU LOVE ME”，也是在提醒天下有情人，如果你爱他（她），请及时让爱的人知道，并记得深深地爱，不要放弃。

（3）用什么文化形式来讲故事

现在，如果你的故事既能解决品牌的冲突，又有戏剧效果，那么，你应该非常清楚你的故事讲述的具体内容了。现在是时候来考虑你的故事以什么方式来讲了，并付诸实践，看看它是不是真的奏效。

你想用什么载体来讲这个故事？如果你要讲故事，应该使用什么叙事技巧，或者表述方式？

当然，你可以用文字、视频或者漫画来讲品牌故事，每个形式根据不同的传播载体，用不同的形式来呈现。需要注意的是，任何好故事，无论多或少，你都要以一种原创新颖的方式传递下去。举几个例子吧。

例 1：常规的广告品牌故事

某某口红广告故事：《不施雕琢的唇更美》

等待伊人来，心绪何陶然；等待春天来，喜悦上眉尖；心情多闲适，舒畅每一天；那时候，唇上染出了光辉灿烂，染出了高雅的微笑，明朗的色彩，映出心灵的莹润。

某某房地产广告故事：《10 分钟》

在香蜜湖，在望郡，离尘不满城，交通方便。每天节约 10 分钟，会让爱人上班少了 10 分钟忧心的期待，会让自己多了 10 分钟的安静，舒适 10 分钟，欢喜 10 分钟，在时间的长河里，多拥有 10 分钟是幸福的。

例 2：较长的品牌故事

仙肌美容仪——冰仙玉肌，因爱而美

20 年前，仙肌创始人朱丽娟，还是一名乡村美容师。一个偶然的机会，朱丽娟遇见了历经两次创业失败、正处于事业低谷的谭志坚，他们两情相悦，修成爱情正果，并开始了创业之路。

创业 20 余年来，朱丽娟对“美丽事业”情有独钟，内心深处一直有一个“让更多女性美丽起来”的梦想，丈夫谭志坚又何尝不知？为了早日达成朱丽娟的梦想，丈夫谭志坚十多年来夜以继日，不断尝试研发美容仪器及相关产品，朱丽娟则成了丈夫研发新产品的“美容顾问”。终于在十余年后，夫妻二人在家用便携式多功能美容仪器和护肤品研发上取得了成功，并于 2017 年创立自主品牌——仙肌。这一年，朱丽娟的梦想正式起航。

仙肌，取自东方美女的冰肌玉仙之意。仙肌，用创新科技，融合护肤智慧，唤醒细胞原力，焕发肌肤活力，成为爱美女性的美丽冻龄魔法师。对于爱美女性而言，仙肌，是她们值得信赖的美丽闺蜜与冻龄导师。作为魔法师，仙肌极具创意、充满神秘感，并不断给女性带来小惊喜。

“冻龄”是仙肌的核心价值，是对女性之美最美的赞扬。仙肌，传递着对自然美的极致追求，为众多爱美女性提供更多冻龄产品的使用体验，让更多爱美女性冰清玉肌，绽放自我，神采飞扬，而这也是创始人朱丽娟致力于美丽事业的一生追求。

每一个完整的故事，都应该包括所有的有价值的事实和论点。大多数人读故事只会读一遍，就像他们读新闻一样，没有什么理由还要他们再读一遍，所以你最好让他们只读一遍就能了所有需要他们了解的事实。海能达商用对讲机的系列漫画所讲述的故事，就是以消费者了解的事实和场景为基础，如图 3-40 所示。

当然，无论你的品牌故事以何种方式呈现，首先要思路清晰，只有思路清晰，才有助于创造一个连贯的精彩故事。

无论你以什么方式讲故事，你所讲的故事一定要通俗易懂，而且要有趣。如果消费者不明白你的故事，那么，这不是他们的错，因为消费者永远不会错。一个主要的思维角度是，观众的工作是聆听和消化，是你来适合消费者，而不是消费者适合你。因此你最好讲一个精彩动人的故事，让消费者津津有味地听，欲罢不能地寻找故事的商品。如果真的很精彩，就会引人注目，你的故事就会传播开来。

刘述文这厮来总结一下，优质的创意内容一定让人一看就懂，一看就喜欢，一看就行动并且过目不忘。唯有嫁接文化原力的购买指令才富有生命力，在营销之战中取得胜利。

图 3-40　海能达商业对讲机漫画故事

总之，无论是符号创意，还是故事指令创意，我们必须弄清一点：创意表达的目的并非是创意，而是通过创意形成“购买指令”，让消费者行动，让他们不自觉地、不经意地按照“购买指令”选购商品。

Tips

1. 嫁接文化原力，创意符号指令。

2. 符号的功能就是浓缩并精准传达信息的指令，文字（语言）符号是第一购买指令。

3. 感官符号（视觉、听觉、触觉、嗅觉、味觉）是第二购买指令。

4. 嫁接文化原力，创意故事指令。

第四章　找到诱因原力，策划购买刺激

“虽有智慧，不如乘势；虽有镃基，不如待时。”

——《孟子·公孙丑上》

这段古话告诉我们做事情要找准时机、把握住机会，否则有再好的条件也无济于事。

营销战中，要找准发射信号的时机，把握好时间节点，一旦贻误时机，没有与渠道布局配合好，或者被竞争者抢了先，就算再好的创意，也会事倍功半，甚至功亏一篑。营销传播就是信号刺激，刺激越强越有效。把握营销信号刺激的有效方法便是发动内容整合、媒介整合、行动整合的整合营销传播，通过一致性、可持续、多频率的整合营销传播铸成超级购买刺激，培养消费者的惯性需求，促进消费者的购物行动。

一、诱因原力来自哪里

1. 诱因原力：来自消费者对事物的条件反射

不管你的购买理由如何有说服力，你的购买指令如何直指人心，要让消费者采取购买行动，你还需要一个重要的步骤，那就是购买刺激。

购买刺激是激活人的潜意识，让他不知不觉地按照购买指令行事。你可以设计购买指令传播的程序，用媒体宣传、策划活动等多种形式组合的刺激反射。在诱因原力下，你给消费者购买刺激，他/她回应给你一个行动反射——买。

诱因原力源自“条件反射”（经典条件反射、操作性条件反射）和“刺激—反应理论”。

◎ 经典条件反射

巴甫洛夫著名的“狗听见铃声流口水”的实验，证明了经典条件反射是先天本能和后天环境的连接。虽然已经过去一百多年，但仍然让人印象深刻。

条件反射是人出生以后在生活过程中逐渐形成的后天性反射，是在非条件反射的基础上，经过一定的过程，在大脑皮层参与下完成的，是一种高级的神经活动，是高级神经活动的基本方式。巴甫洛夫从视觉、听觉、味觉、触觉等各种感官当中提炼出最核心的部分，发现了经典条件反射，指出它是生物本能和外部环境刺激的连接。

例如，小时候我们吃过梅子，当听到“梅子”这个词，或者看到梅子图形、照片的时候，也会流口水。这就是我们在吃过梅子流口水的基础上完成的条件反射。

经典条件反射给了我们两个启示：

一是在消费者的心智中，存在认识某些事物的先天本能，比如看见漂亮的产品设计、可爱的包装，就会心生爱意，很想亲近。

二是消费者的购买决策会受到外部环境刺激的影响，当先天本能（你对某件商品喜欢或对商品的某些特征有好感）与外部环境诱因（购物氛围）产生连接，就会形成购买刺激。

例如，当你看到货柜里璀璨的项链、耳环等首饰，与外部“情人节”的氛围（诱因）产生连接时，就形成条件刺激，就会情不自禁地购买。

图 4-1　伊凡·彼德罗维奇·巴普洛夫

图 4-2　斯金纳 B. F.

图 4-3　约翰·华生

◎ 操作性条件反射

操作性条件反射是自主行为和外部环境之间建立起的一种连接，会带来行为方式的改变，与经典条件反射共同构成条件反射的两大分支。操作性条件反射理论的创始人是心理学家斯金纳。他 1984 年设计了著名的“斯金纳箱”，观察到了生物的自主行为和外部刺激之间的关联。

斯金纳先后选取了小白鼠、鸽子等动物进行实验，实验证明通过不断的“学习”，小白鼠、鸽子能够非常准确地找到获得更多食物的奥秘。这种“学习”的过程，就叫作操作性条件反射。操作性条件反射最关键的一步，就是对“后果”的强化。动物把自己的行为和这种强化建立起关联，主动改变了自己的行为模式。操作性条件反射说明，只要对行为的后果给予不断强化，就可以建立起行为和后果的关联，而这种关联可以带来行为模式的改变。

操作性条件反射给我们如下启示：

消费者通过自主行为（受到购物奖励）和外部刺激（如营销活动、广告宣传）之间的“学习”，就会形成购买刺激。如天猫“双十一”、某某商城的周年店庆等就是一个重要的条件刺激，这个购买刺激是你多次“学习”过来的。

条件反射，也可以因为条件的改变而消退。

当然，如果长时间不接触到和之前同样的条件刺激，之前所建立的关联就会慢慢恢复到自然状态，此时条件反射消退了。比如说，狗在自然状态下听见铃声本来不会分泌唾液，它只有在咀嚼食物的时候才会有这种本能反应，如果你长时间以来只是摇铃却不给它食物，便会出现条件反射的消退，也就是狗听到铃声不再流口水。对于操作性条件反射，结果也是一样的。比如说，你十年以前考了驾驶执照，能把汽车操控自如，但之后这些年你一直没有开车，慢慢地，之前建立起来的操作性条件反射就会消退。

要保证条件反射不消退，就涉及一个条件的强化方式问题。强化的方式分为连续强化和间歇性强化。其中，连续强化适用学习的初期，间歇强化适用于后期的维持。

◎ 刺激—反应理论

人不仅对颜色、气味等现实的具体刺激（第一信号）产生条件反射，还可以对抽象的语言、文字、声音（第二信号）等产生条件反射。单纯刺激变为具有抽象意义的词语信号时，经常受到来自第一信号系统的校正，以使人的认知与现实的关系不至于完全被割裂。巴甫洛夫认为，条件反射的系统一再重复，就越来越巩固，越来越易于完成、越自动化。

行为主义心理学之父约翰·华生在巴甫洛夫的经典条件反射影响下，

研究出了应用在广告上的“刺激—反应”理论。该理论认为，有机体的行为完全是以刺激与反应的术语进行解释的。他不考虑有机体的内部状态，认为这一部分是“黑箱”。

值得注意的是，华生曾在纽约经营广告事业，其行为主义思想在学术界以及商业界影响深远。华生认为学习的实质是形成习惯，而习惯是通过学习将由于遗传对刺激做出的散乱、无组织、无条件的反应，变成有组织、确定的条件反应。

华生的“刺激—反应”理论实践主要有两个方面：

一个是“频因律”，能解决问题的动作在每次练习中是不可缺少的；这种“刺激—反应学习”刺激联结建立的次数越多，联结越牢固。给我们的启示就是传播效果与频率、频次相关，通过重复次数建立刺激，就会达到很好的效果。

另一个是“近因律”，最后的成功动作总是前一次练习中的最后一个动作。给我们的启示就是营销传播要有持续性、连续性，而且核心购买理由要聚焦，保持连续性。

购买刺激是营销的临门一脚，是消费者购买行动的最后一环。你可以通过营销活动、媒体宣传等方式，传递购买理由，通过激活购买指令，让消费者不经意地选购你的品牌，同时，为了保持购买刺激的连续性，你还要将购买刺激的条件反射持续下去，最好是可以周而复始地循环。

2. 营销传播就是发信号，信号越强越有效

信号包含很多意义，前面讲的购买理由是信号，符号、戏剧化表达的超级购买指令也是信号，这里主要讲消费者刺激的“信息来源”——信源和“信息载体”——媒体。比如说，甲、乙、丙三个牙

膏品牌分别做广告，甲品牌在广告中用穿白大褂的知名医生讲解牙膏的好处，在中央电视台新闻频道播出；乙品牌在广告中用穿白大褂的医生说品牌的好处，在高铁站广告大牌亮相；而丙品牌广告中用普通人说品牌的特点、好处，将其张贴在小区公告栏。

那么这三个品牌的信号刺激哪个最有效呢？当然是甲品牌最有效。

因为甲品牌广告中的知名医生是该广告的信息来源，就是第一个信号，中央电视台作为发射信号的媒体，就是第二个信号。这两个信号都具有很强的可信度与公信力的原力，叠加在一起就成为具有超强信任度的超级信号，理所当然就最有效果。

同样的，乙品牌广告中的两个信号——医生和高铁媒体，相比甲品牌的可信度、公信力自然要弱些。而丙品牌，广告中的普通人和小区公告栏这两个信号就弱太多了，即使该品牌确实有很好的功能，也很难让消费者相信这个品牌。

因此，甲品牌最有效，乙品牌次之，丙品牌最弱。

营销认知战中，我们不仅要让消费者知道该品牌，认知到品牌的购买理由，更要让他们相信该品牌。否则我们说得再好，消费者不相信，也是功亏一篑。而要让消费者相信你的品牌，其根本是要解决可信度与公信力的问题。这就需要你所发射的信号刺激要足够强、足够大，才能足够有信任和说服力。

消费者为什么更容易相信甲品牌，因为甲品牌发射了两大信号：知名医生，中央电视台。从常识来说，能上中央电视台打广告，一定花费很多钱，说明你的品牌有实力，你有这个实力，说明很多人买你的产品，消费者的思考方式是："很多人买的产品就是好产品"，因此，按照这个逻辑，我应该选择你。

这也就是为什么很多品牌商愿意花巨资请名人、上央视的原因，其实很重要的一点就是借用名人与央视的品牌信任度，形成品牌背书。

下面刘述文这厮就来说说影响购买刺激的诱因原力。

3. 购买刺激的诱因原力：信息来源

企业与消费者之间存在信息不对称，企业做什么品牌，值不值得信赖，消费者不知道，为了解决这个不对称的问题，企业就要向目标人群发射信号。

营销传播就是发射信号，影响消费者购买刺激信号的第一个诱因原力是——信息来源。

耶鲁大学态度研究中心在“谁，说了什么，对谁说，以及产生什么效果”的框架中，研究了影响力变量的三个源头，其中信源（信息来源）是第一个重要的源头：

谁——信息来源（专家、可信度）；

什么——信息内容（诉求、论据组织）；

对（谁）——受众特征（性格、易受影响的程度）。

关于信源可信度的研究成果，心理学家卡尔·霍夫兰和瓦尔特·韦斯提出了信源可信度理论，并认为专业度和可靠度是构成消费者信任的要素，他们发现，同样一条信息，可信度高的信源比可信度低的信源更容易导致受众观念的明显转变。例如，行业专家在专业的行业刊物上发表的关于人工智能的文章，要比生活类报纸记者撰写的类似文章更有分量。

在信源可信度方面，耶鲁大学研究学者发现两种可信度类型——专长与品性。所谓专家，也就是那些看上去知道他们在哪方面有所长，以及在谈论什么的人；另一方面，受众通常根据他们感知到的诚意来判断品性。就促进观念改变而言，专长比品性更有效。

专家、学者经常会被请来证明或者伪证某个不确定的承诺，如品牌商得到大家的信赖，他就可以使自己的承诺给人留下很深的印象。如果他的话是真的，这些话就可以成为营销传播中的主要部分；如果不是真的，这些话则可能让品牌厂商自食其果，遭到媒体的排斥。

让人印象深刻的承诺如果准确的话，会让人更印象深刻，并记住你的品牌。例如，消费者知道某一种饮料有很高的营养价值，但这个简单的论点不会有什么说服力，你可以把这种饮料送到实验室去，发现它含有丰富的维生素，而且一杯 200 毫升的饮料含 20 个猕猴桃的维生素成分。若将这一发现宣传出去就可以让人印象更深刻了。

为了让消费者快速判断你的信号是值得信赖的，我们最好使用一些权威信号。作为权威信号的信源，具有超级的行为推动力。

◎ 权威信号

无论是西方，还是中国，都对权威有与生俱来的服从，对权威的崇拜也潜藏在人民的集体潜意识里。

在品牌营销中，权威原理发挥了权威作用。即使在没有真正权威的情况下，只要你的信源拿出权威的象征信号就能够将消费者降服。其中有三种（头衔、服饰和身份）象征权威的信号能十分有效地触发我们的顺从态度。

图 4-4 军人头衔

图 4-5 白大褂代表权威

图 4-6 车标权威身份

（1）头衔

第一种可以触发我们机械顺从的权威象征是头衔，头衔是最难也是最容易得到的权威象征。专家、教授、企业导师、医生、律师、军人，这些标签便是头衔。有研究表明，头衔比当事人的本质更能影响他人的行为。头衔除了能让陌生人表现得更恭维，还能让有头衔的那个人在旁人眼里显得更高大。

（2）服饰

服饰是第二种可以触发我们机械顺从的权威象征。很多卖保健品的推销员，如果穿上医生的白大褂，带上医生的小白帽，他会更容易被消费者信赖和认同，这就是服饰的权威信号。因此，医生的白大褂、博士生的学位服、军人的绿色军装、警察的制服等，就是权威信号象征。

（3）身份

衣着除了可以发挥制服的作用，还可以用于装饰，表现更广义上的权威。精致、高档的服饰承载着地位和身份的光环，珠宝和汽车等类似的身份信号也有意义，如劳斯莱斯体现权威的身份。

研究表明，消费者无法正确预测自己或他人面对权威的影响力会做出什么样的反应。每一次，消费者都严重低估了权威的影响力。权威地位的这种特性或许可以说明把它当成顺从策略为什么会如此成功。

每当你的行为态度纠结时，专业人士的出场就成为牵引行为的专家，而你对权威人物的下意识反应便是处在服从模式下，这就是权威原理带来的影响力。

除了上述权威信号，至少还有五类信源可以为你所用：

第一类是“傍大款”，企业家冯仑曾提出了有名的创业之道——“学先进、傍大款、走正道”。

“大款”也是非常重要的品牌原力，哪些是大款？他们是属于品性可信度类型的名人、明星，或属于专长可信度类型的企业家、专家、资深学者。你的品牌傍上这些大款，营销就会水到渠成、事半功倍。此外还有一类大款是知名品牌，把你的品牌与知名品牌一起做活动，联盟做宣传，就是很有效的傍大款方式。

第二类是“明星捧”，这里说的明星，是指企业的明星、品牌的明星，属于专长可信度类型。

例如你企业的创始人、C×O 就是企业明星，包括董事长、总经理、首席执行官、首席营销管等。任正非是企业明星，董明珠是企业明星，雷军也是企业明星。作为企业明星，你应该以职务为前提，职业生产内容。近两年为了更大范围地拉近与消费者的距离，越来越多的品牌开始设立首席惊喜官、首席内容官、首席体验官……。原因很简单，因为品牌首先要自己敢于发声，同时表明的是：我们与你在一起，我们比你更懂你。我们不仅仅让你需要我们，更首先让你知道我们懂你。

第三类是“KOL 抬”，移动互联网时代，成功的品牌塑造要先有深度介入的 KOL，再有感受型用户，再到消费型客户。

KOL 中文为“意见领袖”，属于专长可信度类型，指拥有更多、更准确的产品信息，且为相关群体所接受或信任，并对该群体的购买行为有较大影响力的人。KOL 对产品介入度较深，有更广的信息来源、更多的知识和更丰富的经验。他们具有极强的社交能力和人际沟通技巧，且积极参加各类活动，善于交朋结友，喜欢高谈阔论，是群体的舆论中心和信息发布中心，对他人有强大的感染力，同时也是你新产品的早期使用者。正因为如此，作为消费者，他们对产品的使用体验有一定话语权，出于发烧、爱好，贡献自己的知识，形成内容信源。一旦 KOL 抬你的品牌，想不火都难。

第四类是“网红夸”，网红，指在现实或者网络生活中因为某个事件或者某个行为，而被网民关注从而走红的人或长期持续输出专业知识而走红的人，属于品性可信度类型。

papi 酱是网红，冯提莫是网红，王思聪是网红，他们的走红皆因为自身的某种特质在网络作用下被放大，与网民的审美、娱乐、刺激、品位以及看客等心理相契合，有意或无意间受到网络世界的追捧，成为“网络红人”。网红虽然无专业知识和资质，可在所共享内容的领域具有一定的知识背景。若网红拥有几十万、上百万的粉丝，就会具有超强的变现及卖货、带货能力。从市场前景看，数字化、电商与社交媒体正逐渐改变消费者的行为与生活习惯，网红营销已成为全球营销界都广泛关注的话题。

第五类是“网友赞”，网友称赞最直接的就是成为口碑。

碎片化的传播虽然割裂了营销的节奏，少了强势媒体的轰炸，但却让你的营销更加主动，有更多的参与感，有更多的“粉丝”能参与帮助决策。互联网还有一个很重要的特点，就是让每个网友都成为“媒体人”，这些特点让网友的力量越来越大。得网友者得天下，如果能让网友自发参与你的品牌传播，让网友纷纷发声正面信息，那你的品牌不仅能上热搜，更能成为网友信赖的品牌。

4. 购买刺激的诱因原力：媒体

当品牌购买指令已经形成，就要快速覆盖目标市场的目标人群，从传播质量和传播效率上形成强有力的刺激，这就不得不依赖于另外一个诱因原力——媒体。

信号刺激的第二个原力是媒体，媒体要足够权威、足够贵。如果信号不权威，又不贵，则没有效果。

从二八法则来看，在整合营销中，你的媒体支出费用所占比例是你总营销费用的百分之八十或者更多，作为营销负责人的你怎么看媒体价值，决定如何运用媒体。

很多业界人士认为，一个新品牌上市，从创意和媒体的重要性来看，创意的重要性要远大于媒体。这就是为什么很多品牌喜欢找策划大师、知名广告公司做创意的原因。刘述文这厮不苟同该观点。媒体作为一种稀缺资源，所花费的资金巨大，对于新上市的品牌而言，创意和媒体应该同等重要。

在快鱼吃慢鱼的时代，恰当的媒体策略不仅可以避免资源浪费，而且是你的品牌快速抢占消费者第一心智的关键点。相反，若媒体策略不当，不仅不能第一时间建立品牌认知壁垒，还会痛失市场先机，更糟糕的结果就是你的企业面临资金短缺或者资金链断裂。媒体是资源，你的媒体策略对营销战役成败有着举足轻重的作用。正因为如此，每年因为媒体策略失误而倒闭的品牌数不胜数。

如果你正在负责一个新品牌或者老品牌更新品牌战略，你会如何选择媒体投放，做媒体决策？

通常为了安全，你会在预算范围内，从媒体的特点、达到率、覆盖率、互补率来进行优选。如果你按照这个思路来制订媒体计划，那么显然会步入把媒体预算安全用完、好交差的陷阱。其实，刘述文这厮想说的是，你有没有跳出这个框框，从另外的角度来思考如何运用媒体，发挥媒体的势能，使其成为品牌营销战役的竞争优势。

在营销的认知战中，无论你所创意的内容有多么吸引人，理据有多么充分，最重要的是要让消费者相信你的广告内容。如果不相信你，那广告创意、营销内容再好，效果也微乎其微，甚至效果为零。要让消费者相信你，其实并不难，有些媒体就具有让消费者相信你品牌的功能特质，例如通过可信度与公信力很强的媒体发射信号，消费者就会相信你的广告创意。

营销就是发信号，媒体信号越贵，则信号越强、越有效。

业界将营销媒介分为三类，即付费媒体、赢得媒体、自有媒体，每一类媒体都有它的特点与价值。

第一类：付费媒体，具有无可替代的即时性和规模性，在关键时刻，总可以发动大量消费者关注。

我国付费媒体主要分如下几种：第一种是国家权威官方媒体，具有公信力和震慑力，如中央电视台、新华社、人民日报等，以及地方官方媒体，如省市电视台、地方党报等。第二种是大型交通枢纽媒体，如机场、高铁、火车站等。第三种是城市圈贴身媒体，如城市户外、写字楼电梯、公交站等。第四种是停车场、社区栏、小区道闸等其他类媒体。

第二类：赢得媒体。赢得媒体是长期品牌行为的结果。赢得媒体是一个古老的公关术语，让你的品牌进入自由媒体，而不是付费购买广告。

例如与电视台、报纸、杂志的关系比较好，你可以邀请这些媒体记者、编辑帮忙宣传品牌。随着互联网的发展，新媒体的崛起，目前社交媒体平台成为强劲的赢得媒体，你还可以由用户（如 KOL、网红、粉丝）发布体验、心得形成口碑传播，让赢得媒体的能量更大。

第三类：自有媒体，即自己的媒体生态系统。自媒体的品牌内容有可移植性，品牌内容不止能存在于官方网站，你也可以在其他媒体渠道发布。你公司的网站、微博、微信、QQ 空间都是自媒体。哪怕在营销费用预算削减时，你仍可以通过此类媒体与消费者沟通。

在传播计划中，将信息与媒介嫁接，将以上几类媒体做出最优的媒体组合，让媒体策略成为购买刺激的优势。

5. 购买刺激的诱因原力：活动营销

无论是新品上市，还是老产品重新定位，抑或是有新的营销计划，都依赖一场活动营销，将购买理由、购买指令与消费者双向沟通，鼓动他们尝试、参与，激发他们的好奇心和购买欲。

营销就是发信号，影响消费者购买刺激信号的第三个诱因原力是——活动营销。

为什么活动营销是第三个诱因信号呢？

因为活动营销本身具有的仪式感是消费者表达内心情感最直接的方式，早已存在于人类的集体潜意识中。很早以前出现的祭祀、狩猎、战争、庆贺等就是具有仪式感的活动。

此外，还有一个心理学观点可以解释这个原因。心理学家费斯汀格认为，人在外部支持的理由不充分的时候，会通过改变自身态度来保持言行一致。

社会学家认为，我们模仿的倾向与生俱来，我们的社交感知力会自动对别人的社交行为做出回应。当你看到有人打哈欠时，你往往也会跟着打哈欠；当你看到有人挠头时，自己也会跟着挠头；当你看到有人在某个奶茶店前面排队，你也会跟着排队，你会发现排队的地方，会越排越多，像鱼一样，你的行动会自发地跟周围的同类保持一致。

在购物情景中，即便外部支持的理由——品牌所展现的购买理由不充分，消费者也会通过改变自身态度来与其他消费者保持言行一致。例如，某商场有品牌打折活动，当你看到周边的人都蜂拥而至参加该品牌的活动，你也会被现场活动所吸引，不知不觉地参与到活动中。活动营销就是借助消费者与其他消费者“保持言行一致”的动机原理，让消费者行为发生改变。

那么，活动营销怎样创意，才能让活动“活”起来？

无论是线上活动，还是线下活动，要做好活动营销，需从“仪式感”“互动环节”两个方面进行创意。下面我们以 2018 年劲酒深圳区域营销活动——“劲酒，为青春鼓劲”为例来了解如何开展创意。

第一，要有意义的仪式感

仪式感其实是嫁接了文化原力，中国人向来注重“仪式感”。我们的祖先给自己设计了很多仪式感，至今生活中常见的婚礼、节庆等，就具有很强的仪式感。

因此，成功的活动营销首先要嫁接富有仪式感的文化原力。情人节、中秋节、春节这些传统的文化节日有仪式感。疫苗周、睡眠日、护水日这些由国家倡导的活动也具有很强的仪式感。活动中以物易物、行动宣誓、行动签名墙、爱心墙等就是不错的仪式。

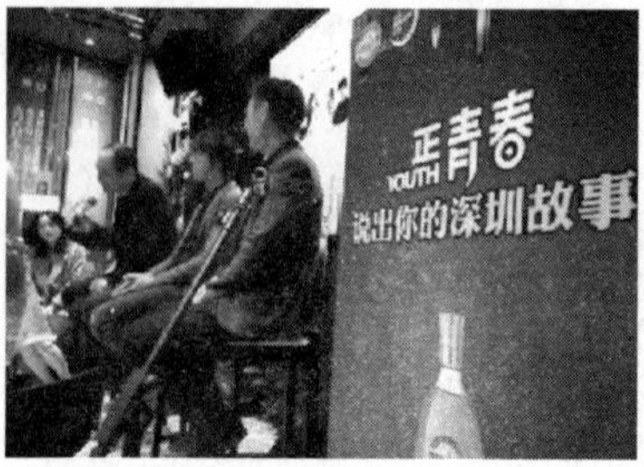

图 4-7 “深圳故事”主题分享

图 4-8 互动环节

例如，劲酒深圳区域活动营销就嫁接了仪式感。线上开展 H5 征集故事互动——线上活动#测测你的深圳战斗力指数・深圳故事征集#，以 H5 创意形式，邀请深圳参与者测试深圳的战斗力指数，分享指数带动传播。线下开展品鉴会，让消费者体验劲酒青春气质，同时征集与青春相关的深圳故事。现场分青春滋味、青春互动、青春故事、舞动青春四个部分，其中，线上提交深圳的战斗测评力指数，线下举行青春互动“盖手印”的仪式（如图 4-8 所示），带动大家积极参与。

第二，要有意思的互动环节

消费者体验品牌、感知品牌的重要触发点是与品牌互动，在他们与品牌的互动中，他们自然而然地被品牌能量所感染，并引起他们的情感共鸣，既传递了品牌购买理由，又增进了他们对品牌的认知与好感。

互动性是促使消费者积极参与活动，让活动营销“活起来”的关键点，可以说，互动性强弱决定了消费者的参与度与广度，活动搞得好不好，就看它的互动性怎么样。

活动的互动性创意的要点是，让参与者完成任务，比如知识问答、知识分享，或是现场体验、互动游戏，或是线上砍价、线上积赞等都是好创意。你设计的这个任务一定不能复杂，要越简单越好，越简单的活动参与性越好。

劲酒的互动环节就恰到好处，是怎么做的呢？线上开展 H5 征集故事互动，引导参与者填写“正青春，说出你的深圳故事”，收集深圳故事。以“正青春，青春故事”线下分享活动引导线上互动，从数百名参与者中选取了一百多名青春代表出席活动，同时五名深圳青年代表从数百个线上征集中脱颖而出，获得中国劲酒正青春最佳励志奖。五名代表在欢乐海岸某酒吧做“深圳故事”的主题分享，一百多名青春代表参加。

活动营销让消费者的行为按照你的活动议程而发生改变，嫁接诱因原力——活动营销，不仅创建一个购买触发时机，也是鼓励并培养消费者“尝试”品牌的行为。

Tips

1. 诱因原力来自消费者对事物的条件反射。
2. 营销传播就是发信号，信号越强越有效。
3. 购买刺激的三个诱因原力：信息来源、媒体、活动营销。
4. “头衔、服饰、身份”是信息来源的三种权威信号。

“战略必须为整个军事行动规定一个适合战争目的的目标。”

——克劳塞维茨《战争论》

克劳塞维茨的战略思想告诉我们，所有的会战都是为了决战，为此安排一系列的会战，以便把一系列行动和这个目标联系起来。在商业社会中，我们把市场的决战目标看作营销传播战略，把达到这一目标的一系列营销战役称为路线，通过“信息整合、媒体整合、活动整合”嫁接诱因原力，策划超级购买刺激，这就是营销传播的战略计划。

二、嫁接诱因原力，策划购买刺激

1. 嫁接诱因原力，策划超级购买刺激

除了以上三个诱因原力——信源、媒体和活动营销，还需要嫁接“频因律与近因律”的原力。“频因律与近因律”强度与在一定时期的重复次数直接相关，同样的信息，重复的次数越多，其强度越大。

正如斯金纳所说的：“重复动作或行为对人的行动决策产生很大影响。”在信源和媒体的条件刺激下，重复的次数越多，刺激反射就越深刻。例如，每周电视剧的插曲或广告歌，刚听第一遍时你会感到陌生，然而一周或者一个月下来，你就基本会唱了。

刘述文这厮要强调的是，你的品牌要创造超强的购买刺激，就需要

重复！重复！再重复！从长远来看，品牌的重复记忆需要时间，需要日积月累，时间越长、越久，刺激越大、品牌越强。

在营销传播中最能嫁接“频因律与近因律”的诱因原力就是整合营销传播了。

整合营销传播的原理是多个要素相加形成整合力，将各种有限资源往一个方向梳理、集中、聚焦，达到“整体大于部分之和”的效果。整合就是握紧拳头，一根指头打人没感觉，五根手指握在一起，向拳心紧握，就能形成具有能量的拳头，双手合拳，才能形成超级组合拳。

《整合营销传播》讲道：整合营销传播一方面把广告、促销、公关、直销、CI、包装、新闻媒体等一切传播活动都涵盖到营销活动的范围之内；另一方面则使企业能够将统一的传播资讯传达给消费者。所以，整合营销传播也被称为 Speak With One Voice（用一个声音说话），即营销传播的一元化策略。

当然，整合营销传播并不是最终目的，而只是一种手段，其根本就在于以消费者为中心。在整个传播活动中，它的内涵具体表现在以下五个方面：

第一，以消费者资料库为运作基础；

第二，整合各种传播手段塑造一致性“形象”；

第三，以关系营销为目的；

第四，以循环为本质；

第五，营销手段具有关联性。

整合营销整合刺激的复利，可以不断让消费者产生记忆和重复记忆，培养消费者的惯性需求，促进消费者的购物行动，就是超级购买刺激。下面刘述文这厮来谈谈整合营销到底如何整合。

◎“信息整合”嫁接诱因原力，组织购买刺激

科技的高速发展，带来信息量的膨胀，主要表现为消费者每天接触的信息太多，造成了营销传播混乱。

信息整合包括两个内容，一个是信息内容整合，另一个是信息来源整合。

信息内容整合是整合营销首先要解决的，为了终结营销混乱，我们要保持营销传播的信息内容简洁性，即“用一个声音来说话”，意思是你的品牌向消费者输出的购买理由在每个传播渠道上保持一致，让消费者在不同的场合看到相同的购买理由。

当然需要注意的是，这个“同一个声音”并非是绝对的统一。

在将购买理由转化为购买指令中，要以购买理由为中心，同时保持购买指令表达形式的多元化。什么意思呢？就是户外广告的购买指令可能是符号创意，微博、微信自媒体上可能是戏剧化表达，与消费者分享的可能是故事指令。每个购买指令的表达方式适合不同的媒体，也就是说在什么地方用因地制宜的表达方式。

信息来源整合就是要运用不同的专家、头衔、服饰、身份等权威信号，让信息从源头上具有权威信任度，专家形象的权威度越高越好。

◎“媒体整合”嫁接诱因原力，组织购买刺激

媒体高度发达带来的最为直观的结果是媒介绝对量的增加，即便企业花巨资制作的创意作品，也可能会被淹没在浩瀚无边的信息海洋里。

市场营销强调记忆留存度和重复，不论是人、词语、图像还是产

品，容易想起来的东西往往会更招人喜欢，更令人信服，也更能影响我们的行为。

如今你不得不珍惜和消费者接触的“第一次”，甚至“每一次”的机会，很可能“第一次”也是“唯一”的一次，“每一次”都是最后一次——毕竟，你只有很少的机会或者一次机会给人留下深刻的印象。

品牌资产的积累靠什么？就靠重复。媒体整合就是把各个媒体渠道的“每一次”，形成“多次”积累，整合付费媒体、自有媒体、赢得媒体，发挥每一类媒体的特点与价值。只要让营销信息与消费者在不同时间、不同地点的“每一次”相遇累积叠加，积少成多，就能不断地形成品牌资产。

此外，加拿大学者麦克卢汉曾经提出过“媒介即信息”，换言之，即“信息即媒介”，也就是说，只要该物件具备传播信息的载体功能，那么它就是媒体。在成本高昂的媒体时代，经营好“自媒体”对品牌宣传极为重要，刘述文这厮认为“自媒体”不仅仅局限于网络社区，只要是你的企业或自己拥有、可以展示的信息载体都可以是“自媒体”。

一个小小的纸杯是自媒体，在纸杯上出现一次，是一次广告；门头是自媒体，在门头上出现一次，是一次广告；商圈是自媒体，在商圈上出现一次，又是一次广告；活动也是自媒体，在活动上出现一次，又是一次广告；衣服是自媒体，在衣服上出现，也是一次广告。

例如，星巴克的门店可以说是星巴克最大的自媒体，一个门头、一个杯子、一个围裙、一个纸巾盒、一个手提袋等，都是星巴克的自媒体，星巴克门店所在的地理位置（通常开在繁华路段）就是超级信号。

图 4-9　星巴克咖啡

利用“重复曝光”效应，就算消费者没有真正留心过你的品牌也没关系，只要他们之前听到过这个名字，就会更容易接受它。你应该营造无所不在的机会，利用一切机会向目标消费者重复你推介的品牌。

◎“活动整合”嫁接诱因原力，组织购买刺激

活动营销，将信息以现场直播的形式，演变成超级自媒体。

活动营销是你的品牌与消费者发生化学反应的催化剂，你可以通过仪式感和各种互动方式，将品牌价值、购买理由、超级符号、商品展示等信息凝聚成一体的超级品牌讯息包，这个讯息包就是超级能量包，就是超级自媒体，形成极强的购买刺激。

信息即媒介，你可以将大型现场活动当作一个超级自媒体。如果在商城里面开展活动营销，那么活动现场的形象墙、海报、道具、展示台、堆头、音响、视频等要素就是你品牌最大的宣传媒体，哪怕在 50 米、100 米开外都能影响观众，吸引大家参与。

除了现场活动所具有的自媒体功能，你还要以活动为宣传时机，充分运用各类媒体（自有媒体、付费媒体和赢得媒体），将这个品牌讯息包发射出去，最大化释放营销势能，引爆媒体整合传播。

例如，上文讲的劲酒案例，劲酒就把现场做成了超级自媒体，深圳

壹方天地、福田九方商场举办品鉴活动现场吸引商城群众的围观。现场活动的海报、展示台、产品、活动道具等多种元素成为活动的超级自媒体，引起了消费者的情感共鸣，吸引了大量的观众、参与者拍照和朋友圈转发（如图 4-10 所示）。活动现场网络开通网络直播，与网友互动。

图 4-10　活动现场自媒体

活动现场是个信息包，是自媒体，在商场和酒吧的活动结束后立即整合微博、微信大号、新闻客户端、网站以及各直播平台开展整合传播，进行了话题传播：

话题 1：《在深圳，每一个追梦人都值得被赞美》

话题 2：《深圳达人说：这可能是最值得深圳人来打卡的一次派对！就在这周末，超燃超有劲！》

话题 3：《在深圳，梦想和现实的差距，到底有多远？来自 300 位被采访者的真实经历》

话题 4：《这个夜晚，深圳欢乐海岸一酒吧，让人打开了青春的话匣子！》

劲酒通过本次深圳区域活动营销，重新塑造了消费者对劲酒青春、充满新鲜活力的认知，形成了良好的口碑，塑造了年轻活力的品牌形象。

在商业高速发展的时代，品牌商也在不断自造活动，如某某品牌的周年庆典、周年日等。最为成功的活动在电商领域，像天猫双十一、京东 618 这些大节日，就成为超级购买刺激。

在整合营销具体实操上，我们应该以客户为中心，从信息、媒体、行动三个维度整合，产生“一加一加一大于三”的整合力量。

整合营销是部戏，这部戏一定要以产品为主角，所有环节都是为它服务的，没有产品，其他都不复存在，主角的标准是什么呢，那就是要戏份多，尽可能越多越好。

因此，整合营销传播不能太炫、不能抢了产品的大戏，我们要将产品最大化融入创意中，给消费者立即参加活动、马上购买商品的理由，我们的这个理由必须能刺激消费者的本能反射。还要搞清楚，我们做营销是为了销售产品，不是仅仅为了娱乐大众，为做营销而营销。

2. “五步”建构整合营销传播蓝图

营销传播的行动本质在于“鼓动尝试”，通过参与、体验、互动，使消费者不知不觉地“尝试”选择你的品牌。整合营销传播要做的就是最大化鼓动消费者尝试。

从营销目标导向出发，我们要计算一下每次传播行动的花费，是大型的活动营销，还是传统广告宣传，还是用新媒体，还是利用多媒体组合，即使我们的计划是将很多种媒体进行整合营销传播，也要考虑到购买刺激的策略组合先后次序和排兵布阵的组合打法。

除了考虑信息整合（内容）、媒介整合、活动整合，我们还需要思考怎么样才能让购买理由、购买指令传达给消费者。刘述文这厮推荐你从以下“五步”建构整合营销传播蓝图。

第一步：从企业企图及顾客价值层面定义面临的问题或者机会。

整合营销传播就是为达到一个商业传播目标而策划的一连串协调的传播活动，通常有时间或地区的限制。我们的目标是试着做一个营销的传播策略，不要企图改变产品本身，也不要把焦点放在与传播无关的资源上，我们所提的方案要符合环境现状，要嫁接品牌原力，能解决实际问题。

第二步：找到消费者最关心的机会点。

要为目标对象创造一个旅程，一个三百六十度视角的顾客体验，包含销售决策过程的品牌接触点。顾客旅程是为了了解消费者做什么，什么影响了他们，以及我们怎么能把他们吸引到我们的体验中，以便挖掘消费者的动机原力。

第三步：了解并创造对顾客有意义的关联及渠道布局。

潜在顾客永远在寻找有助于做购买决定的内容，例如社交媒体活动、与专家互动、在线咨询、会员机制等。关联计划应该囊括策略的所有元素：技术、内容、活动、媒体策略、数据策略及其他。通过最适合的媒介，创造最适当的内容体验，包括广告片、视频、优化搜索体验、在线活动、线下活动、游戏、机制、会员经营、特卖会、持续教育邮件、导购工具等，才有机会成功赢得消费者的注意力，为营销的下一个阶段提供更好的基础。

第四步：明确定义营销传播的内容与创意挑战。

在营销漏斗的不同阶段（分为意识、考虑、尝试、满意、分享五个阶段），品牌厂商为促进该阶段消费者能够顺利向下一阶段转化，必须基于消费者洞察，从消费者购物旅程建立连接，嫁接文化原力，激发一连串的传播活动或创意产出（如推出品牌主张、消费者互动参与），让不同传播活动产生协调作用，嫁接诱因原力，以满足消费者的内心需求。

我们以劲酒为例，在营销漏斗的不同阶段，洞察到消费者预期反应、主要阻碍、主要动力，针对以上问题，制定沟通策略和关联刺激方案。

表 4-1 劲酒的沟通策略和关联刺激方案

预期反应	主要阻碍	主要动力	沟通策略	关联刺激
意识：劲酒有个产品满足我的需求	各种各样的产品太多了，劲酒被淹没了	我在网络上寻找保健酒	曝光：去目标受众的地方用相关方式接触	邀请意见领袖参与，社会化品牌互动活动
考虑：成分是天然的，并且是一个值得信任的品牌	我需要确保产品是安全的，我怀疑它是不是真的有用	我期待这成分能达到我预期的效果	突显：以值得信任的调性和方式，适当教育劲酒产品的特殊功能	设计社会化媒体内容，以成分和功效为主轴，针对不同城市人群发展不同利益点
尝试：我想试试看，试用活动来得正是时候	我不知道有产品试用活动	说再多，还不如亲自试用一下，我来试试看	锁定：对合适的人提供及时的试用	以有效果的试用量，设计有针对性的试用活动
满意：我能够感觉到效果，真的很棒	我试过后觉得它似乎不是那么有效	我能够感觉到它真的具有保健功效	重新定义：劲酒了解你的身体反应，这些外表现象证明你越来越好	利用移动应用程序把功效可视化，并教育深化内在美
分享：我觉得小军也需要这个产品，我来告诉他	我会分享给朋友，但是网上分享很麻烦	我要照顾我的朋友	唤醒：以简单格式和有价值的信息，引发网络分享	发展社会网络分析与情感的交流工具，以及奖励计划

第五步：对应目标，要做好各类传播的效果评估

整合营销传播是否成功，要从执行指标和效果指标来评估：该做的事情做了没有，行动效果是否达成？执行后的顾客新体验是否达到预期？

在媒体碎片化时代，我们应该将分散的最小体量单位元素，即广告、货架（店面）、活动、包装、促销、宣传册、网站推广等组成整合营销拳头，以最大化地刺激记忆。只有对这些要素进行系统化管理，才能构成

绝对战斗力。

刘述文这斯认为，每个行业都有不同的营销传播方法。只有整合才能有系统力，才能将营销传播的原力发挥到极致。

Tips

1. 整合营销传播是最能嫁接“频因律与近因律”的诱因原力的营销。

2. 通过“信息整合、媒体整合、活动整合”嫁接诱因原力，策划超级购买刺激。

3. 做营销是为了让消费者行动、销售产品，而非为了娱乐大众。

4. 如何发起营销传播战役？“五步”建构整合营销传播蓝图。

第五章　从调研中找对原力，用系统思维管理品牌营销

“知彼知己者，百战不殆；不知彼而知己，一胜一负；不知彼不知己，每战必殆。”

——《孙子兵法》

这段话告诉我们，作战之前要做好调查，做到知己知彼。侦察是行军打仗的重要部分，所谓知彼知己者，才能百战不殆。同样在品牌营销策划中，市场调研相当于作战的侦察，是不可分割的一部分。市场调研的专业深度决定策划方案的思维高度，无论你是策划高手，还是策划新兵，都必须走进消费者的生活片段，“从群众中来，到群众中去”，踏踏实实地做好市场调研，紧密地围绕消费者来经营我们的品牌，他们的需求、动机、态度、文化背景等是我们进行营销策划的重要参考。

一、找对原力从市场调研开始

1. 市场调研是策划的一部分

通常，当客户找我们做策划时，会说市场调研你们随便找资料弄弄就行了，我们要的是广告语，要的是策划方案。这些客户实际上不愿意

为市场调研项目而埋单，他们总有一种自信的心态——他们自认为知道市场调研的东西。也有的客户直接说，我们前期做了很多功课了，现在就差广告语了，只要那一句话想出来就好了……

其实，很多客户以及很多营销策划者忽视了市场调研的重要性，他们没有树立“市场调研是策划的一部分”的观念。真正的策划是从市场调研开始的，所谓，市场调研“差之毫厘”，策略“失之千里”。

许多营销方面的市场调研技术，比如每天计划、市场研究、营销策略以及所有这些计划的具体要素，都是有必要的。

如果把品牌营销策划看作一次战役，那么市场调研就是侦察兵，在出招之前，先要摸清市场情况，洞察消费者的心理动机、真正需求，观察行业竞争情况，从空间上捋清楚作战地形，准备在哪些省市乃至县城开展战役，时间上要看好日历，什么时候是旺季，什么时候有节假日以及大型的活动，做到知己知彼，这些都需要前期市场调研，做足功课。

市场调查还有一个好处是，调查你所不知道的，检验你所知道的讯息是否与市场的讯息一致。

例如，你想做好电竞耳机的品牌营销策划，要输出品牌定位、广告口号、广告符号等创意内容，那么你就要通过市场调研，了解电竞耳机行业情况、消费升级趋势、耳机的市场营销痛点与难点以及电竞企业的自身情况等。你要在市场调研基础上，获得启发，找到策略参考与创意指导。

不了解情况的人可能会惊讶，在一个营销策划中，哪怕一条广告中居然包含如此多的工作，有时甚至是好几个星期的工作。营销策划看起来那么简单，而且为了吸引简单的消费者，它也必须简洁明了。但是在营销策划的背后，很可能是大量的数据、大量的信息和好几个月的调查研究。

这就是为什么在营销策划界，很多客户要找做过该行业、有经验的策划公司来做策划的原因。因为做过该行业的策划师懂行，在同样的时间里，对项目理解更透彻，进而有更充裕的时间对其进行策划。

世界上没有绝对客观的市场调研，所有市场调研都依赖于人的主观。作为策划师，你不能因为有行业经验就可以跳过市场调研的环节，你对行业的了解只是一方面。

不谋全局者，不足以谋一域。市场调研作为策划的一部分，对策划全局有举足轻重的作用，市场调研的专业深度决定策划方案的高度，所以，策划高手都是市场调研高手，知道如何获取市场营销讯息，以及对这些讯息进行分析、研究。当然也有一些策划人，他们无须努力地寻找信息，对他们而言，关在办公室也可以闭门造车式地做创意。在业界，没有市场调研基础、天马行空的创意方案，又称为飞机稿，没有实际价值。

刘述文这厮认为，真正的策划高手，不仅懂得正确获得信息，还深谙市场调研之道，即便在擅长的领域，也要虚怀若谷，谨慎而踏实地进行市场调研，从市场调研中获得策略灵感、创作智慧。

2. 市场调研的关键是找到真问题

很多人认为市场调研是“大胆假设，小心求证”，是为了确定假设是否可行而去找理论依据，这是刘述文这厮所不赞同的。因为，你在调查前，如果就对解决问题的结果给出了答案假设，那么至少会违背以下几点市场调研原则：

首先，你违背了市场调研的第一个要点。市场调研的目的是为了发现问题，即通过抽丝剥茧找到问题本质。你只是求证，那么就掩盖了发现问题，发现真问题。

其次，你将解决问题的结果直接给出，这是源于你的经验、自信，给问题定性而做的假设，并非是从真问题而提出的解决方法。

最后，如果你的目的是为了求证你的结论是否合适，你会为了你的假设结论而在市场调研中下意识地使市场调研结果偏向你的假设结论，以此证明你的结论是正确的。

因此，市场调研不能成为依据，更不能成为你“大胆假设”的结论依据，否则市场调研就失去了意义。

市场调研的目的是什么？是找到问题的本质，搞清楚品牌营销到底遇到了什么瓶颈。

做好市场调研要从问问题开始，找到问题的本质是解决品牌营销问题的第一步，也是极为关键的一步。会问问题是做好市场调研的基本功，市场调研高手、策略高手都是从问问题开始的。你问什么样的问题，就意味着你要从问题里面得到什么样的答案。

要问好问题，可不是那么简单，你得从以下几个方面着手：

第一，你要问对问题，从问题中找到你想要的。

何谓问对问题，就是说你的问题本身应该没有问题，是为了得到答案，或者得到下一个问题。关于提问决定你是否是高手，不妨看看伏尔泰曾经说过的一句话：“判断一个人的能力，不是看他如何回答，而是看他如何发问。”

想问对问题，你就要懂行，并且对该品牌的消费者有基本的了解，例如，如果你是一个男性正在做一个女性化妆品的市场调研，之前你没有这方面的经验，因为你对这个行业不是很懂，也不是使用者，那么对你而言要做好市场调研，就比女性做市场调研的难度要大。

别着急，在咨询公司、广告公司和策划公司，很多行业都从未涉入的，只要掌握问问题的方法，一切问题都可以迎刃而解。你可以先从该企业的高管入手，采取开放性问题开始发问，从问题中找到你想要的答案，进而开始对消费者进行市场调研。当然前提是你要深谙品牌营销策略的相关知识，至少你是个市场老兵。

首先，你要懂得你想要什么讯息，例如你要了解电竞耳机行业，你就要收集电竞耳机行业情况、企业自身情况、电竞耳机市场营销情况、目前消费者情况等讯息。

其次，你还要将你所要的讯息转化为问题因子，你可以从行业情况、竞争情况、产品结构、价格体系、渠道建设、推广情况以及消费者状况等方面进行了解：

（1）您能否简要介绍一下某某电竞耳机的行业发展情况及关键时刻？

（2）从行业发展、消费者、竞争对手来看，您认为未来三年耳机的市场趋势如何？

追问：某某耳机处于行业的什么位置？

（3）从营销4P（产品、价格、渠道和推广）来看，某某电竞耳机是如何进行市场布局的？

（4）目前电竞耳机的品牌营销的难点与痛点有哪些？

（5）面对消费者升级，消费者有什么样的态度？

追问：你认为消费者会怎样看待贵公司的品牌？

通过这一轮，你可以从回答中对行业情况及消费者有大概的了解，同时可以梳理出一些问题因子。

最后，你可以将以上的问题答案，经过整理，设计成面向消费者的问卷。当然，关于问卷设计下文有详细讲解，此处不赘述。

如果你是市场新兵，该如何提高发问的水平呢？其实，有一个易学管用的招，那就是多关注日常生活。如果你最近在做一个洗发水的案子，你就要到商场卖洗发水的货架那里，多和理货员、售货员以及消费者沟通。你可以针对感兴趣的商品包装、购买行为向消费者发问：为什么买这个，不买那个。不断地日积月累，你就会发现你的发问水平逐渐提高。

第二，你要问对人，从目标消费者口中得到问题的答案。

受调对象是你产品的购买者或使用者，要根据你的营销策略而设定。比如，脑白金这个产品的购买者是年轻人，使用者（吃产品的人）是老年人，那么你营销宣传的市场调研对象应该是购买者，即年轻人。而产品开发的市场调研对象则是老年人（使用者）。

你要问对人，就要老老实实地找到产品的目标人群。

随着互联网的发展，这几年网络在线市场调研兴起。作为更为便捷的市场调研方式，网络市场调研却在“问对人”的问题上遇到了很多麻烦。例如，本来是针对孕妇的市场调研问卷，被男性消费者填了；本来是针对有车一族的问卷，被无车的人填了。市场调研回答的人不对，就是没有问对人，这个市场调研就是没有价值的。

实战中，你要是在商场做拦截市场调研，通常很多人，尤其是大妈们为了得到小礼品会蜂拥而上，你不要为了快速采集问卷而放松对目标人群的筛选。你要确保，你的市场调研要问对人。

要取得市场调研的成功不能靠偶然的行动，不能把顾客看作没有任何差异的一群人，不能在消费者的偏好问题上没有市场调研策略，对于那些正在使用竞争品牌的顾客，我们必须考虑他们的个性与典型特征。

刘述文这厮建议，要以事实为基础，问对问题、问对人，甚至寻根问底。对于做好市场调研，“问对问题”是技巧，更是智慧；“问对人”需要踏实的精神，更需要找准人的方法。

3. 市场调研要走进消费者的生活片段

你要走进消费者的购物环境，要了解消费者的生活片段，这个片段里面有时间、地点、人物、购物过程和情绪等，所有的这些都要亲身体验。涉及终端购买或体验环节，你要到店里和店员谈话。你可以在访谈过程中，将双方的对话录制下来，以便后期记录。

在一个数码店里，如果你要市场调研一个耳机，你要以一个消费者的身份带着问题与店员交谈。例如你可以从推荐率、消费者如何选购电竞耳机产品、当前品牌的传播内容、品牌知名度与品牌销售展示等方面来问。

通过这个交谈，你可以了解到数码店里的销售员是如何推荐耳机品牌的，也可以观察到目标耳机品牌的店面形象展示、产品展示、POP展示以及体验试听是怎么样的，另外还可以考察到销售员是否能讲明白你的耳机品牌，是否积极推荐你的品牌等。

当然，为了市场调研更为真实，你要去好几家不同的店与销售员攀谈，观察店面的陈列。对于一个实体店面，店内的陈列至关重要，你要观察到你的品牌是否具有货架优势，让消费者在店里几米远的位置一眼就能注意到。

此外，你还要观察购物者的行为。因为，我们所做的品牌营销策划都是为了让消费者的态度与行动改变。

例如，你在数码店里观察耳机的购买者，通常你会发现这样一个环节很重要，就是试听。一个顾客不管有没有店员推荐，先是将耳机戴在耳朵上试听，听听这个，试试那个。试听完成之后，还是不确定，一边走一边浏览货架上的耳机，停下来，注视国产的耳机片刻，看看包装，再到国外耳机那边看看，拿起这盒看看，问问价格，再掉头回到最开始注视的那个耳机品牌，到里面去选择，仔细看看几个款式的包装背后的文字，最后问问销售员有没有折扣优惠，此时只要销售员适当给一个优惠价格或者赠送一个小礼品，顾客就会买下这款耳机。

这个时候你要抓住机会上去，先送上小礼品，然后说："我是调查员，现在给一个耳机品牌做市场调研，需要耽搁你几分钟，给你做个访谈，这个访谈不复杂，你只要把你刚才选购耳机的心理过程告诉我就可以，好吗?"然后你就可以与他回忆刚才的选择过程，问他当时是怎么想的。这样在你要做营销传播的目标城市，每个城市选择几个店面，访谈十来个人，得到的市场调研信息才会对你的策略有所帮助，才能真正地找到问题，洞察到消费者的心理状态。

通过这个具体的调研过程，你基本上对产品开发、包装设计、平面创意、广告宣传或者活动策略有个八九不离十的了解了。

除了走进消费者的购物环境，你还可以通过焦点小组访谈来研究消费者的行为与态度。例如，六至八个消费者一组，由培训过的主持人用谈话的方法探寻消费者的观点与行为。

例如，你可以从这些方面来提问：他们如何使用电竞耳机产品，他们对电竞耳机传播内容的认知以及接触的讯息渠道，他们之间的推荐与传播行为等。在这个环境，你要以开放性问题为主，因为消费者也具有惰性，你不能引导他们往哪个方向回答，也不要举例，你一举例，他们就会马上回答就是那样的，更不能代替他们回答。

你要做的是营造好的交流氛围，让他们放松、再放松，达到半催眠的状态。有时候，你需要一些道具，比如准备些产品、糕点之类的，让他们做产品盲测（就是去掉产品包装和商标，不能分辨是哪个牌子的品牌）。有时候需要准备一些纸，让他们画简笔画，写下自己回答的关键词。同时在设计问题上，要多设计几个追问的环节，针对个别问题，为了抽丝剥茧，你有时候要有“打破砂锅问到底”的追问精神。总之，要想把焦点小组访谈做好，你就要让消费者自发地回答，畅所欲言地互动。

当然，小组访谈不宜时间过长，以四十五分钟为宜，超过一个小时之后，参与者就会疲劳，对你的问题产生厌烦。这个时候消费者的回答结果是不太契合内心的。

4. 市场调研要如何做才更精准

经常有客户和营销从业者问我，怎么做市场调研才有效，是用定性市场调研还是定量市场调研？我的回答是无论定性市场调研，还是定量市场调研，都有效，得看你怎么做。例如前面在耳机店的观察市场调研方法，就是定性市场调研方法，能够找到消费者的选购动机与选择心理，就有效。

当然，如果你想让市场调研更准些，那么，有没有更精准的方法呢？

刘述文这厮用经验告诉你，有！你可以进入定量市场调研环节，通过量化的方法让你前面的问题更准确。定量市场调研很重要的一点就是，你要对问题因子界定及问题因子的数量范围有个明确的设定，通常，定性市场调研就是为了解决“明确的设定”的问题。

那么，我们要如何理解定性市场调研与定量市场调研呢？

你可以这样理解：“定性市场调研是为一个问题定性的，好，还是不好，还是介于好与不好之间，同时要搞清楚有哪些因素影响到这个问题定性结果。定量市场调研呢，光凭好与不好，不足以界定一个问题怎么样，你必须要有个量化，到底好的程度是多少，要知道有多少人说好才行，同时，那些影响问题的因素（或者说因子）到底哪个是最主要的，是 A 因子还是 B 因子，你都要给量化出来。为了挖掘定量市场调研的数据价值，你还可以做很多数据分析，比如相关分析、交叉与回归分析，这些都是为了更精准地观察到影响因素的变量。”

市场调研的样本量选择就像在你面前有一大锅汤，你想知道这个汤咸不咸，只需要用一个勺子舀一勺尝尝就可以了。相对来说，定量市场调研的样本量采集比定性市场调研更大，定性市场调研一般只需要做几场，或者十几场深度访谈、小组访谈即可。如果你的产品是非常高端或者很私密的产品，只针对少部分群体，那你只需要做少量的访谈就可以找到问题，为策略方案提供解决参考。

与定性市场调研不同的是，定量市场调研的样本量需要达到一定的数量才可信。很多客户与从业者问我，做一次定量市场调研到底要多少样本量合适，或者说怎么确定样本量呢？

通常而言，要确定定量市场调研的样本量，你需要从置信度与最大容许误差两个指标考虑。一般市场调研项目选择 95% 置信度、3% ~ 5% 精度的统计学显著性要求即可，根据统计学的算法，简单随机抽样样本量满足四百至六百个即可。当然如果条件允许，在确定样本量采集准确的情况下，你可以多采集一些，当然也没有必要采集过多，像有的公司声称一万、两万多个样本量其实没有必要，相反，如果样本量过大，你的目标人群与收集方式不恰当，反而还影响了准确度了。

所以，市场调研的精准度是一个相对概念，定性市场调研、定量市场调研都是好方法。

只要有可能，你就多开展以沟通为目标的调查研究。它可以告诉你消费者是否明白了你的广告主题并且记住了它；产品的品牌名是否用一种便于记忆的积极方式加以传播；消费者是否对广告中的信息感兴趣而和广告之间产生联系。

通过沟通，你可以获得一些支撑购买理由的需求点，甚至挖掘消费者需求，重新梳理购买理由，你也可以得到购买指令（如广告口号的核心词汇、超级符号等）、购买刺激的初步灵感。

以沟通为目标的调查研究能够帮助导出答案，但广告是否是“好的”、是否具有神奇的力量可以深深打动消费者，你却无法测试。你可以通过评估你的广告知名度来获得关于广告效果的某些暗示。如果更多的人对你的广告比对该类产品其他品牌的广告知道得多，那么这至少在某种程度上说明你的广告更加具有竞争力。

广告的劝服力是传统营销调查的另一个关键指标。对于营销人、广告人来说，那个熟悉的短语“两个最重要的盒子”是指有两种信息是必须进行统计的。一是那些表示肯定会购买你广告中的产品的消费者比例；二是可能购买你产品的消费者比例。如果这些分值很高，并且广告有高知名度，那么说明你的广告可能表现不错。

定性市场调研是由主持人、消费者与访员共同完成的，质量控制非常重要。你务必切记，相对数量而言，质量更为重要，一旦哪个环节出了问题都会影响总样本量的准确性。这个时候，你要聘请经验丰富的主持人，并对访员进行培训，在市场调研期间，还要通过现场审核、问卷回访等多种方式确保信息完整。

对于定量市场调研而言，数据整理与挖掘是关键环节，市场数据包括竞争品牌市场份额、长期或短期趋势、消费者态度、价格因素、商业界传言、竞争性广告等，如果我们能够聪明地获得并加以整理，就能提供关于市场的一份有价值的概况。所有这些都是营销创意之前要做的准备工作。在做必要的准备工作时，对于营销策划工作的激情促使我们为寻找一个创造性策略而奋斗。这种创造性的策略能够用一种令人难忘的方式传达一个主题或者信息，并且能促使消费者采取行动。

营销传播界有很多让人惊奇的事情，刘述文这厮发现，一条让你嘲讽的广告或者创意设计也许会取得巨大的成功，而一条你之前看好的广告创意也许会一败涂地。所有这些都是因为喜好不同。我们谁也不能完全了解不同消费者的欲望，因而也就难以对其形成一个完整统一的印象。当然，你也不能因为这些让人惊奇的事而不做市场调研或不认真地做市场调研。

5. 市场调研中最富有挑战性的是问卷设计

经常听到营销策划从业者说："我们的市场调研经过了很长时间，收集了一万多份问卷，因此我们的市场调研非常精准。"可是，他们的市场调研问卷却设计得很糟糕，根本不便于消费者参与市场调研，市场调研者也很难从问答中获得有效的信息。

市场调研中最难的是什么？如果你是策划新手或者市场调研新手，那最有挑战的是问卷设计。因为问卷作为测量与获取信息的工具，每个问题设计应该是你想要从里面获得什么信息，这些信息将成为你策划的参考，最后成为策略的智慧。

因此，问卷设计需要主策划师主导，市场调研主管来监制。如果是定性市场调研，你可以用开放性问题，让消费者说出来；如果是定量市场调研，你就要设定问题的答案因子数量，不能有太多的开放性问题，否则不便于问卷的有效采集。

如果你是策划新手，或者是策划老手涉入一个新行业、新品类，不建议直接做定量市场调研，你应该先从定性市场调研开始，通过几次定性市场调研不仅可以寻找到定量市场调研问题的主要因子，还可以对消费者行为、态度等方面有一个大致的了解。

例如，如果你刚接到一个电竞耳机的消费者市场调研任务，那么你可以先从消费者焦点小组座谈会开始，你的“电竞耳机消费者座谈市场调研问卷”可以这样来设计：

第一部分：市场调研消费者知识和消费观念

（1）您玩电竞属于什么样级别？（潜台词：小白，资深玩家？）

（2）您对电竞耳机了解多少？有哪些国外品牌、哪些国内品牌？

（3）什么情况您会戴电竞耳机？（除了电竞时候，平时戴不戴）

（4）您第一次购买电竞耳机是什么时候？当时是什么情况？

在哪里买的？买的时候有考虑过其他的耳机品牌吗？

销售员（服务员）跟您说了什么？

（5）至今您共买了多少个电竞耳机？为什么？

第二部分：市场调研消费者如何使用电竞耳机产品

（1）您选择电竞耳机最看中哪些方面？（每人说三个）

（2）谈谈您在购买电竞耳机过程中的感受或深刻的印象？（实体店或网店？）

（3）使用电竞耳机后感觉怎么样？哪些是您喜欢的？哪些有改进的空间？

第三部分：市场调研消费者传播内容与沟通渠道

（1）用三个词汇表达电竞，您认为是什么样的“词汇”？（每人说三个）

（2）用一个非常简单的图形代表电竞，您认为是什么样的“图形”？（每人画一个）

（3）您玩电竞的口头禅是什么？

（4）您使用最多的电竞网站、论坛、社群、电竞杂志等有哪些？

第四部分：市场调研消费者之间现有的传播行为

（1）请问您是从哪里知道电竞品牌的呢？（朋友介绍、网络评论、

自媒体、平面广告、专卖店、网店）

追问：TA 怎么跟您说的呢？（这个是问题的关键）

（2）请问您在以下渠道（如日常沟通、网络、微信、微博、贴吧等）分享过耳机品牌吗？

若有，您是怎么分享的呢？（若没有推荐过，勿问）

（3）请问您向朋友推荐过电竞耳机品牌吗？

若有，您怎么跟他说的呢？（若没有推荐过，勿问）

通过向消费者访谈，你便可以找到你想知道的东西，他们会带给你惊喜，当你遇到每个活生生的消费者时，你会发现远远比你坐在办公室面对电脑空想强万倍。你与他们面对面的交谈，让你更能理解他们的真实想法，感知到他们对某些问题的看法。当然访谈过程，你要有专门的人做好记录，同时安排发言积极的消费者，带动现场氛围，每个问题尽可能让每个人都谈谈他们的看法，不能抓住几个热情的消费者一直谈，也不能冷落不爱抢答的消费者。

不仅是消费者市场调研要设计问卷，电竞耳机的销售门店调研也要设计问卷，针对店员或者销售员你可以这样问：

（1）问店员有什么牌子推荐？

（2）如何选购电竞耳机？

（3）国外品牌与国内品牌的哪些牌子好？为什么？

（4）某某电竞耳机品牌怎么样？（看店员如何介绍）并问有哪几种产品？能否体验？

（5）看某某品牌与其他竞品耳机的销售展示如何？（有没有货架陈列优势）

……

通过与不同店员的交谈，你就会对消费者在店里选购电竞耳机的情况有个大概的了解。对于依赖推荐与试听体验的产品，这个工作很重要，让你摸清楚你的品牌在终端实体店的销售情况。

有了前面的定性市场调研——访谈做基础，你就可以设计定量问卷的问题与问题因子了，例如，对于电竞玩家或者发烧友的时间频率，就可以这样设计：

您玩电竞的频率是多少？（单选）

A. 每月偶尔玩　　B. 每周有空就玩　　C. 每周都会玩

D. 每天都会玩　　E. 其他

例如，对于电竞耳机的产品特点看重度方面，你可以这样设计：

您若购买电竞耳机，最看重电竞耳机哪一方面的产品特点？（单选）

A. 轻便舒适　　B. 功能很多　　C. 外观时尚

D. 功能单纯　　E. 携带方便　　F. 其他

注意，以上这些答案因子有的是常识，有的是有针对性的知识，这些都是通过消费者亲口说出来的，而不是你自己设想的。作为市场调研者，你不能主观自行决定消费者没有说的问题因子。即使你是有经验的市场调研者，也不能代替消费者思考。

除了这些问答题目之外，在人群极度细分的竞争时代，你还要加上消费者的性别、年龄、职业、地区作为消费者甄别因子。有了这些，你可以在后期数据分析中挖掘更多的有价值知识。例如，你可以通过交叉分析，知道购买你产品的到底是男性多还是女性多；你可以通过相关分析，知道哪个职业的群体是重度消费人群；你可以通过回归分析，知道你的产品销量与消费者年龄成正相关，消费者年龄越大购买得越多。

总之，无论后面的分析如何遵循逻辑，如何深挖浅出，影响结果的还是你的问卷设计，你问什么问题，就得到什么答案。

营销策略就是针对消费者心智发动的营销攻略，市场调研就是要洞察到消费者需求，就是要运用消费者的原力，通过原力这个支点，撬动营销策划思路以及创意概念的输出。例如，通过市场调研，你可以找到启发购买理由定位的触发点，找到品牌核心创意概念、媒介接触习惯，描述大概的消费者画像等，如果能找到这些，那么你这个市场调研也就是成功的。

Tips

1. 市场调研是策划的一部分，策划高手都是调研高手。

2. 市场调研的关键是找到真问题。

3. 市场调研就要走进消费者的生活片段，从群众中来，到群众中去。

4. 市场调研的精准度是一个相对概念，定性市场调研、定量市场调研都是好方法。

5. 市场调研中最富有挑战性的是问卷设计，问题不在多，要切中要害。

“故善用兵者，屈人之兵而非战也；拨人之城而非攻也；毁人之国而非久也。必以全争于天下，故兵不顿而利可全，此谋攻之法也。”

——《孙子兵法》

这段话告诉我们：赢得战争的最高境界是取得完全的胜利，是“兵不顿而利可全”。何为完全的胜利呢？“破胜”指的是经过血战打败敌人，也就是说“杀敌一千自损八百”；而“全胜”则指的是以谋制敌，不战而使敌全部向我投降。品牌营销与战争具有同理性，其“全胜”就是用系统思维来管理品牌，抢到品牌制高点，以“不战而屈人之兵”赢得顾客，让对手无法竞争。

二、运用系统思维管理品牌营销

1. 战略品牌营销管理

◎ 战争与品牌营销

《孙子兵法》是一本谈“赢的艺术”的书，在战场上要赢，就得战胜对手，打败敌人，夺城灭国。为了让“赢”付出最少的代价，得到最大的成果，《孙子兵法》提出“必以全争天下，故兵不顿而利可全”，作为赢的最大成果。

品牌营销是赢得更多的消费者，没有绝对的胜和败，也没有绝对的敌人，最多有一些预设的竞争者。针对竞争，品牌商可以有两种思路：

（1）做领先品牌，并依此设定远大目标，建立竞争壁垒，让竞争者无法竞争。

（2）做跟随品牌，并依此拟订策略，紧跟领导品牌，伺机创造机会超越竞争品牌。

作为管理者，营销应该是赢得更多的“可能”工程，最主要的工作不是战胜竞争对手，而是最大限度地扩大消费者想要采取行动、持续去占有消费者心智空间的可能。例如在品牌物理功能的创新研发外，想方设法、持续不断地满足消费者感性的欲望，利用不同的手段，如广告、公关、活动等；最大限度地扩大品牌追随者的满意度，并不断呼唤更大的群体加入追随的行列，并且随时密切注意竞争者的动态。

同时，营销是战略布局，你要有战略思维，整合体制内外的各种资源与工具，来观察消费者的各种现象与趋势，以寻求品牌购买理由最有利的定位，创意购买指令，然后通过购买刺激整合推广。

任何事物的发展都有规律和本质。无论技术如何先进，透过表面看本质，品牌的本质不会变，营销的本质不会变，都是为了笼络消费者的心。因此，所有的这些工程，都是为了品牌占据消费者的心智空间。

◎ 战略与战术

什么是战略？普鲁士军事理论家克劳塞维茨在《战争论》中是这样定义的：“战略是为了达到战争目的而对战斗的运用”。什么意思呢？就是说你应该将每次战斗的运用纳入战略中来，为了达成目标，统一制定作战计划。什么是战术？战术是夺得整个战争胜利的局部执行计划。无论是时间上，还是空间上，战略都具有长期性、广阔性。

从整个品牌营销的战略来说，企业要根据内外部的环境，确立品牌在消费者心中的预留位置，为了实现这个目标所施行的各种手段的总体谋划。

战略是为了大决战，赢得全局的胜利。战术是为了赢取暂时性、局部性的利益。

品牌营销是一个投资行为，在整个创造品牌价值的战略营销中，需要短期的战术来完成，但更应着眼于中长期的投资思维。实战中，我们常常把投机式的操作当成战术，例如为了与竞争对手决战而促销降价，虽然品牌短期的销售额很好看，可是对品牌的溢价与品牌力塑造的中长期战略来看却是适得其反。

品牌营销，绝不因一时的销售额或市场占有率来定输赢，应该把品牌与消费者之间关系的转变当作整个营销战争迈向成功的转折点。

对优秀的管理者而言，输赢是无法用销售金额或市场占有率等短期变化来定夺的。因为这些数据很可能只是一时的结果，虽然或可代表品牌现状，或可对短期的趋势有影响，但却不一定能对品牌的未来下定论。

管理者应该先认真思考目前的处境、未来的预期目标、可能影响目标的各种因素与管理者可操控的内部资源，然后再拟订计划，推动工作，让目标一步一步地实现。简单讲，营销品牌输赢的转折点应该是和消费者关系上的转变。品牌现状的改变，应该是消费者普遍认知的客观事实，绝不是管理者的自身意愿或凭少数朋友说三道四的主观现象，尤其是创业公司，很多管理者在这方面容易举棋不定。

◎ 以“一件事”整合思维争天下

很多从业者，经常把品牌、营销与传播三者分开，看成三件事情，其实是不恰当的。你做品牌，就要营销，就要考虑传播。同样的，你做营销，也要考虑你的品牌，考虑传播，这三个是“你中有我，我中有你”密不可分的关系，应该以“一件事”来看待。

实践中，经常有客户说：“我的需求是做品牌设计，你只要把设计表现好，让我（客户）看上去很美、看上去喜欢就是好设计。”

其实评价品牌设计好不好，除了传递品牌的价值理念，你还要参考两个指标，一个是要看是否有营销的差异化功能，是否嫁接了文化原力成为该品牌的购买指令（消费者因你的设计而选择你）；另一个是品牌设计有没有很强的特征性、识别性，消费者会不会产生共鸣，指引行动。

做营销策划也一样，除了营销 4PS 理论框架，你也要考虑品牌，分析品牌的购买理由定位是怎么样的，品牌的调性如何，品牌资产情况怎样等。同时你也要从传播角度出发，分析如何组织传播内容、如何将策划内容用设计的形式来表达，以及如何组合传播媒体。不结合传播来思考，你的营销策划再好，也不能在有限的时间、用有限的资源将其很好地传播出去，那么你的策划就是纸上谈兵。

品牌与营销都具有促进销售的作用，营销是有策略地进行销售布局，达到可持续销售的目的。品牌是塑造附加值感知，让商品卖得更贵、卖得更快、卖得更久。从销售层面来说，品牌是更高级别的营销，最高级别的营销就是让对手无法竞争，就是打造超级品牌。而无论品牌与营销如何高深莫测，都离不开传播这一关，只有传播出去才有意义。

从价值维度来看，品牌是价值感知、价值符号、价值精神；而营销是价值交换、价值认知、价值差异化表现；传播是传递价值、认知价值、分享价值。本书所讲的购买理由、购买指令、购买刺激就是立足品牌、营销、传播三方面来嫁接原力创意的。

做品牌就等于营销传播，做营销就是做品牌定位。在制定战略亮出“我是谁，我为谁而生”的时候，我们就开始了对营销传播的整体策划。因此，我们要把品牌、营销、传播这三个事情看作一件事情，站在企业发展的高度来看，才是战略营销创意之正道。

2. 品牌营销管理者要具有系统营销观念

◎ 品牌营销管理者就是品牌的总工程师

古人云：“兵不在多，而在精；将不在勇，而在谋。”作为品牌营销管理者（下称：管理者），你就是品牌的总工程师，你必须有统筹、整合、管理、运营企业内外部所有资源的能力；必须明了战场的形势，懂得如何进行战略部署；必须拥有统领品牌、营销、传播三军作战的能力，并协同所有作战单位，赢取战争的胜利。

要做好品牌统筹的工作，你就要了解国家政策，把握行业趋势；洞悉整个品类的市场潮流；清楚整个市场上的竞争环境，并有能力分析自有品牌的优劣势，有能力做品牌发展的长远规划、拟订策略、制定制度，以保证战略部署的有效实施及品牌发展目标的完成。

要做好品牌策划的工作，你就要深入地了解市场，了解消费者。为了能精确掌握数据表象下的真实含义，管理者不应该只待在办公室看报表、听报告，必须走街串巷，贴近消费者最真实的生活，了解他们真正的需要和想要，在这个基础上结合数据、报表、报告传递出来的信息与建议，决定产品的功能与品质，发展并确定品牌与消费者的沟通策略。

要做好品牌经营的工作，你还要懂得如何与企业内部的各个合作单位有效地协同作战：

第一，与生产部门的合作。一方面，品牌购买理由的提炼不能脱离以产品的功能与品质作为参考，只有建立在物理性的基础上，品牌的购买理由才立得住脚，才能够取信于消费者。另一方面，产品的功能与品质必须能够很好地满足消费者的需要，当消费者对产品的功能与品质提出意见与建议的时候，或者你发现了新的消费需求的时候，要将这些意见反映到产品的研发部门，以便指引生产部门实现产品的功能与品质上的改变。不可否认，很多市场的新产品，就是源于对新消费趋势的判断。

第二，与销售部门的合作。一方面，销售的作用是“推”，而品牌营销传播的作用是“拉”，“推”与“拉”两者无缝配合，才能促成消费者产生购买行为。如果“推”与“拉”不够协调，消费者被“拉”到了柜台前却找不到想要买的商品，就会产生抱怨（当然有些品牌喜欢饥饿营销，会故意造成缺货的现象）；如果消费者先在柜台上发现了商品，而品牌却没有准确地将沟通信息传达给他，或是销售员推荐了其他品牌，或是其他品牌在现场有促销……这都将使品牌错失与消费者产生互动的机会。另一方面，销售的管理是通过人流对物流与资金流的管理，带回信息流，这个信息流可以成为重要的调研资料，它直接、快速地反映着市场的状况，反映着竞争对手的作为，这些信息情报通过市场部门的消化、分析、整理后，最终反映给管理者，并作为品牌营销战略规划的参考和依据。

第三，与市场部门的合作。在整个品牌经营的过程中，市场部门从事信息情报的收集与汇总工作，并通过对这些信息情报的分析、研究，为营销资源的分配提供参考。市场部门通过各种调研手段，对销售数据进行汇总分析，对销售渠道信息流进行研究，将市场分为攻击区、巩固区和开发区。你所带领的部门则以此为依据，进行营销资源的分配与调度，部署品牌发展的作战计划，协调销售部门“推”与“拉”的动作，将品牌植入更多消费者的心智。

要做好品牌管理工作，你还必须协同各相关外协公司，不断地检视消费者对品牌的态度与反应，完成品牌沟通信息的制作与传播，制造品牌与消费者之间的关联与互动。基于此，你要深谙各种调研的方式与手段，懂得如何才能深入了解消费者的内心世界，至少要知道调研是怎么回事；你还要通晓广告、公关、活动、事件行销、客户关系管理等各种沟通手段的功能与特性，通晓传统媒体、新媒体等各种传播工具的功能与特性，并在此基础上整合运作所有这些沟通手段与传播工具，向消费者传递统一的讯息。

◎ 系统营销要以三个“是否以”为标准

孙子曰：“夫未战而庙算胜者，得算多也，未战而庙算不胜者，得算少也。多算胜，少算不胜，而况于无算乎！”

孙子认为战役之前必须“多算”，并且以“五事七计”为衡量的基础。这个精神与原则也是营销的不二法门。尤其是在调动整合资源做有效率的推广前，管理者尤其得认真领会孙子“多算”的精神。

品牌系统营销观念的导入，我们应以下列三个“是否以”为标准，并借此不断调整操控的手法，增强品牌“系统过程”的力度。

（1）是否以社会趋势为导向？

（2）是否以消费者利益为依归？

（3）是否以购买行为发生时为开始，而非结束？

作为管理者，前述三个“是否以”也是评断你工作绩效的方法。唯有不断坚持这三个“是否以”，品牌才可在立于不败的基础之上，获得最大化可能的发展空间。

当然，这毕竟是你在将品牌推向市场，面向消费者时的“多算”。

为了有效地完成这个“多算”的工作，你不能忽视企业内部、营销队伍及外部协作单位或个人的资源整合与配置。这方面的“多算”也是至关重要的，稍有不慎就可能导致失败而终。

品牌营销虽然是有原理、有方法的，但是所谓“不以法为守，而以法为用，常能缘法而生法，与夫离法而合法”，你最大的困扰是之前的经验在这一次不一定灵验，尤其在互联网时代，“一招鲜吃遍天”一去不复返了。

刘述文这厮建议你在主持一个品牌的营销工作时，你要有如履薄冰的心态，作为总工程师，你要边摸索、边试验、边适应，同时还得不停地延续或者调整曾经的营销工作。

3. 用系统思维管理品牌营销

品牌营销讲究的就是“系统”二字，为什么要讲系统品牌营销?企业的系统品牌营销是指有效提高系统各点效率的质量，将品牌营销系统效率最大化。

因此，每一次我们在塑造并强化品牌价值的过程中，必须是完整且系统的，而且必须是深思熟虑、计算清楚的。品牌的购买理由经过创意、制作的包装，嫁接文化原力形成购买指令，依托着各种营销手段，包括整合营销和消费者沟通，并借着终端货架和消费者见面，让人评头论足。任何一个环节的闪失、大意，就有可能使原来有可能成为品牌的购买者或拥护者的人掉头离开，甚至永不回头。

系统思维品牌营销所讲的“系统”包括三个方面的含义：

◎ 用系统营销思维赢得更多消费者

战争是一种“赢”的艺术，营销则是一种“可能”的工程；战争是以对手为目标，营销是以消费者为目标；战争的最高境界是“兵不顿而利可全”，营销的最高境界则是最大限度地占据消费者的心智空间；战争的最终目的是打败敌人，营销的最终目的则是争取消费者。

营销是用战争的精神，通过系统管理品牌与消费者的每一个接触点，系统管理传递信息的制作过程，整合运用各种沟通手段与传播工具，以每一次战役为积累，把“可能”最大化的工程。要完成这个“工程”，就必须建立一套行之有效的营销管理系统——产品管理系统、销售管理系统、市场管理系统和品牌管理系统。

产品管理系统保障了产品在品质和功能层面能更好地满足消费者物理需求、功能性的需要；销售管理系统保障了产品能够被消费者便利地获得，提供了一个消费者与品牌之间相互接触的机会；市场管理系统为品牌能够接触、赢取更大量的消费者提供方向，为营销资源的分配提供参考；而品牌管理系统则是品牌与消费者之间建立强有力情感纽带的关键环节，它一方面帮助品牌与消费者建立牢不可破的情感关系，另一方面则是将这种情感关系在目标消费群中求取最大化的效果。

营销最根本的任务就是要赢取消费者，争取在他们的心智空间占据不可动摇的位置，并利用各种沟通手段不断地强化品牌在他们心中的这个位置。

◎ 系统管理品牌与消费者的接触点，保持品牌一致性

营销是品牌和消费者沟通，并求取认同与共鸣，最终达成购买行为的过程。营销传播是运用各种沟通手段、传播工具，向消费者传递品牌信息的过程。

在整个传播过程中，品牌会与消费者产生各种各样的接触，每一种接触就是一个接触点。每个接触点所传达的信息、所能够带给消费者的

感觉和印象，必须是一致的（在前面的整合营销传播章节说过）。如果你的广告给人的感觉是时尚的，而产品的包装却很落伍，那么消费者在接触品牌的时候就不能做印象上的加分，甚至这种混乱的品牌认知很容易引起消费者的反感和不信任。

因此，为了确保品牌的一致性，所有的接触点必须妥善管理。

如果我们的品牌和消费者之间存在一百个接触点，那么这些接触点中的任何一个，对于管理者来讲，只是百分之一，而对消费者而言，却可能是百分之百，因为他可能只有机会接触到其中的一个，例如，他可能只接触到了你产品的广告，或者只见到过你产品的包装，或是他到了某店看到你的品牌被展示着，或是碰巧参加了你所举办的活动。

为了最大限度地保障每个与消费者可能的接触点能被管理者最好地管控，就应该有机地组合整个接触点被制作与被传播的过程，建立一个上游、中游、下游的标准工序，以系统思维来应对随时可能发生的挑战。但实事求是地说，管理者很难事前就掌握一切，不论运用哪一种先进的手段或调研，信息都会滞后。管理者唯一可做的就是事前做好预警准备，事后随时调整并快速反应，呼应消费者的呼声。

◎ 系统管理品牌信息制作与传播，既保“质”又保“量”

创意和执行是相辅相成的。要想有所成就必须“一流的创意加一流的执行”。

为确保“一流的执行”，我们把品牌传播的全部过程分为“垂直的和水平的”两个方面。垂直的部分是指被传递信息的创意与提炼过程，基本上可以是一个“质”的管控程序；而水平的部分是指对所有沟通手段与传播工具的整合应用，基本上可以说是一种“量”的管控程序。

质的管理包括被传递信息的制造过程，就是品牌和消费者之间沟通的内容。首先，我们的产品是卖给谁的，要确定对谁说、说什么他们才能对我们的品牌产生好感进而产生购买的欲望与行动。在这个部分，我们要对消费者进行充分的市场调研分析，确定产品的消费人群，确定沟通对象及其特点，洞察消费者心理，嫁接品牌原力，创建购买理由，创意购买指令，或者管理好外部协助的策划公司、广告公司，完成质的打造。

总之，“质”的过程是唤起消费者共鸣的控制和管理过程。

量的管理则是希望能够最大量地接触到品牌的目标消费者。我们必须清楚哪一种传播手段能够更好地完成目标，是公关、广告，还是活动？还是整合营销？在这个部分要制订媒介的策略与计划。另外，我们要懂得如何找到一个能够帮我们做好执行的媒介公司，因为我们的钱总是有限的，需要用更少的钱做更多的事情。

“量”的过程是成势的过程，数量多则成势，这个环节，我们要利用各类媒体最大化地形成量的势能，嫁接诱因原力，创造超级购买刺激。

刘述文这厮来做个总结：要赢取消费者的心，就必须建立一个强有力的组织，一套切实有效的制度。只有这样，才能全面地管理品牌与消费者之间的每一个接触点，才能系统管理被传播信息的制造过程和所有沟通手段与传播工具的使用，周而复始地完成这个全循环的过程，最终赢取消费者的信赖与忠诚。

Tips

1. 品牌营销的所有工程，都是为了品牌占据消费者的心智空间。

2. 战略是为了赢得全局的胜利。战术是为了赢取局部性的利益。

3. 整合思维要将品牌、营销与传播三件事，看成一件事。

4. 品牌营销管理者要具有系统营销观念，用系统思维管理品牌营销。

第六章　营销传播策划案例分享

“纸上得来终觉浅，绝知此事要躬行。”

——陆游

品牌营销传播是一门实践学科，“文无第一，武无第二”，营销界没有常胜将军，唯有秉持“实践是检验真理的唯一标准”，不断地实践，从实践中总结经验，千锤百炼，才能策划出与时俱进的策略方案。本实践案例以“万魔电竞耳机”为对象，阐述市场调研、购买理由、购买指令以及购买刺激的思考路径，方案意在抛砖引玉。

1. 营销传播挑战

◎ 营销背景分析

中国原创耳机品牌 M 耳机，专注专业声学与智能软硬件的研发。2012 年底成立的 M 声学科技，开始是国内某知名企业的首家生态链，M 自有品牌自 2015 年成立，2017 年 7 月 27 日，M 耳机在上海召开“我的 M 时代-为电竞耳声”发布会，发布了 M 首款电竞耳机。

电竞产品为音频和电竞领域的顾客带来更完美的体验，让顾客在享受游戏的听觉快感的同时有了更好的音质体验。同时 M 电竞耳机产品的发布，也将传统的耳机行业开启了新的互联网领域，更容易地渗入校园、二次元、电竞等不同领域的年轻族群中。

◎ 营销传播挑战

从营销基本面来看，雷蛇与赛睿是 M 最为强劲的对手，而华硕和罗技是 M 最有潜力的对手。同时，雷蛇、罗技、华硕、赛睿的品牌知名度远高于 M。其中，雷蛇与赛睿的市场根基稳，雷蛇以外设装备形成配套优势。罗技与华硕除了根基稳、以外设装备形成配套优势外，更在终端店面贴近顾客。

面对国内外品牌的竞争，我们通过营销传播诊断发现问题，为 M 电竞耳机找到购买理由，创意购买指令，整合营销购买刺激，构建系统的年度整合营销传播规划。

2. 从洞察顾客开始

市场调研是有效洞察顾客的方法与工具，我们采用定性调研与定量调研结合的方法，从二手资料、一手资料展开调研。在定量调研的样本量选择上，我们参考统计学，运用简单随机抽样调查样本量（置信区间法），确定 400~600 份样本量（前面章节说过调研样本量的选择：一般调研项目选择 95%置信度、3%~5%精度的统计学显著性要求即可）。其调研的内容、方式、方法如表 6-1：

表 6-1 市场调研的内容、方式、方法

内容	方法	方式与样本量	工具
了解营销环境	定性调研：二手资料	二手资料调查：《2018 中国电竞行业研究报告》	资料分析
	定性调研：深度访谈	访谈调查：企业 CEO、推广负责人	访谈大纲
洞察目标顾客	定性调研：二手资料	二手资料调查：《95 后人群基本特征和偏好洞察》《大学生消费行为调研》	资料分析
	定性调研：焦点小组访谈	访谈调查：选择 M 耳机原点顾客人群、大学生陌生人群，共完成 3 场访谈	访谈大纲
	定性调研：深度访谈	访谈调查：深圳电竞协会会长、电竞行业从业者	访谈大纲
	门店观察法：定性调研	访谈调查：销售店员交谈与品牌展示观察	观察清单与访谈
	定量调研：目标人群抽样	问卷调查：选择广东、北京、上海、浙江、江苏及少量其他城市的人群为样本，完成 400~600 个样本问卷调查	定量问卷

定量调研小结：

《电竞耳机顾客调研报告》（以下简称《调研报告》）的样本量为 456 份，其中近 70%的受访者为电竞重度人群，运用频次分析、交叉分析、相关分析与回归分析方法，从市场调研可以得到如下几个核心发现：

- 年龄定位：目标顾客为 19-30 岁（男性多于女性），其中 22-24 岁是购买电竞耳机的主要群体，其次为 18-21 岁、25-30 岁的群体；
- 频率：80%以上电竞爱好者是重度玩家，他们每周都玩；
- 产品："音质清晰"是顾客最看重的产品特点，其次为"轻便舒适"；
- 传播："青春"一词最能代表电竞，"戴头戴式耳机作战"图形最能代表电竞；
- 媒体接触：直播平台、网站和赛事直播是主要接触渠道；

图 6-1　定性调研：目标顾客焦点小组访谈

- 购买渠道：网店、实体店都是顾客想要的购买渠道，网店占比较高；
- 购买时机：“升级激励、寒暑假与节假日”是重要的购买时机；
- 购买态度：重度人群、次级重度人群购置电竞耳机的意向大。

3. 市场细分分析

为了更深入地了解电竞耳机的目标顾客，我们对目标顾客从六个方面进行市场细分：

- 地理区域：以广东、北京、上海、浙江、江苏为核心市场；
- 顾客身份：以大学生为核心市场，25-30 岁社会工作者为次级市场；
- 顾客性别：以男性为核心市场，女性为次级市场；
- 玩电竞频率：以重度与次级重度使用者为核心市场，轻度和娱乐使用者为次级市场；
- 购买行为：以初次购买者为核心市场，已经购买过别的品牌耳机的为次级市场；
- 电竞端口：以电脑端游为核心市场，手游为次级市场。

从顾客年龄可分为 19-24 岁、25-30 岁，其中，19-24 岁人群超过 60%。参考《调研报告》，根据典型顾客类型可将其划分为四大类，共 6 类群体，他们对电竞耳机有不同的购买态度（如表 6-2 所示）。

表 6-2 典型顾客类型

典型顾客类型	特征界定	分类	购耳机态度
（1）男性—大学生	22-24 岁	A 类 1	意愿很强
	18-21 岁	B 类 1	意愿较强
（2）男性—社会工作者	25-30 岁	B 类 2	意愿强
（3）女性—大学生	22-24 岁	A 类 2	意愿较强
	18-21 岁	C 类 1	意愿一般
（4）女性—社会工作者	25-30 岁	C 类 2	意愿不强

在购买关键时刻分析中，顾客寻找的利益是“立体清晰——听声辨位、轻便舒服——持久舒适”的听觉体验，对产品的外观感受与试

听体验是极为重要的关键时刻。调研中发现，竞争者未能提供的“有产品体验与社区交流空间”，对M来说是巨大的机会。

4. 用户分析

二手资料分析可知：

90后的消费特征：伴随着互联网成长起来的90后，面对数字化媒体提供的大量信息，他们形成了自己的消费观，不仅主宰自己的购买决策，对事物的独立判断力还使得他们为父母的消费提出建议。愿意为“喜欢”付费；愿意基于兴趣形成圈子；对产品的缺陷特别敏感；与移动互联网关系最紧密；注重个性化与参与性；消费更偏向情感属性；喜欢新特奇，但用户忠诚度不高。（来源：浩腾媒体（OMD）行业研究院2017年统计）

95后的消费特征：网购能力超前又超强；品牌忠诚度相对较低，喜欢尝鲜；主动评价，乐于分享。其中，大学生消费潜力巨大，非必要支出占比加大，一线大学生生活费水平高于其他地区；大学生是形成自主品牌观念阶段，受口碑影响较大，对数码3C产品接受度高，愿做品牌的社群构建者和传播者。（来源：大数据全洞察）

通过调研资料分析，我们可以为顾客电竞用户清晰画像：

对于19-24岁的青年，电竞已经成为他们生活的一部分，其中，移动用户大量涌入，如绝地求生、王者荣耀等移动端游戏的快速发展，以致移动端重度化与PC端保持稳定。射击类与推塔类（MOBA）是主要游戏类型。

在25-30岁的人群中，也有部分电竞爱好者和发烧友。与19-24岁人群使用电竞游戏的习惯有所不同，除了职业电竞选手，他们在“游戏频率”上较低；游戏时长低于0.5小时；付费金额大于100元；

观赛与关注俱乐部及选手都较低。

18–24 岁大学生是主要群体，处于自主品牌形成阶段。心态上，富有个性、勇于尝鲜、喜欢炫酷、爱冒险、爱表现、在意队友对自己的看法，坚信我秀故我在。

从顾客购买电竞耳机的行为与态度来看，电竞的购买者可分为自用与礼品赠送的两类购物者，其中，在礼品赠送角色中，大学生既是影响者，也是使用者与决定者。电竞耳机的目标顾客是 19–30 岁男性为主，其中 22–24 岁是主要群体，其次为 18–21 岁、25–30 岁。其中，重度人群、次级重度人群购置电竞耳机的意向大。从顾客分类看影响顾客购买与使用行为的前三个因素，如表 6–3 所示。

表 6–3 顾客影响因素

序号	顾客类型	描述	购买与使用行为	影响购买因素前三
1	重度型	打职业俱乐部，每天训练 8 小时及以上	电竞必备装备，一副好耳机是电竞取胜的外挂	品牌、功能、外观
2	次级重度型	参加赛事，每周都打	提升游戏装备，耳机成为电竞战胜对方的得力助手	功能、品牌、外观
3	轻度型	为了上分，每周有空就打	提升游戏装备，耳机成为电竞上分的得力助手	价格、功能、品牌
4	娱乐型	为了好玩、社交，每月偶尔打	普通耳机可以代替电竞耳机	价格、品牌、功能

学生党（包括大专院校、职高等）成为主要的消费人群，他们喜欢尝鲜、主动评价、乐于分享，也是形成自主品牌观念阶段，受口碑影响较大，愿做品牌的社群构建者和传播者，是富有个性、强调自我的“热情探险家”。

5. 营销传播目标

参考《调研报告》可知，“可买可不买”群体占比较多，因此可从影响顾客习惯入手，制造耳机为电竞“必需品”的链接，扩大顾客群体。营销传播计划以大学生群体为主，男性社会工作者为辅助，以广东、北京、上海、江苏、浙江为重点区域建立传播目标：

- 扩大品牌知名度：提示前知名度50+%（原来的提示前知名度小于5%）；
- 改变购买态度：试听体验、购买行动（原来是可买可不买的态度）；
- 建立新品牌形象：年轻一代品牌形象（原来是中年大叔品牌形象）；
- 提升产品销售额：1亿（原来3000万）。

同时，在消费者旅程四阶段做针对性提升：

- 注意阶段，重构全新的主题与话语的体系，整合媒体传播，提升知名度；
- 考虑阶段，开展营销活动，与顾客形成情感与结构连接，促进顾客考虑；
- 购买阶段，以线下体验社区，让顾客试听M耳机，促进顾客尝试购买；
- 购后阶段，将M购买者培养为素人KOL，鼓励在自媒体分享体验。

6. 创建购买理由

第一步：购买理由定位

定位的核心是建立与顾客的联系，并实现与竞争对手优势的差异化，归根结底是：产品与竞争对手的不同之处是什么？

从竞争者来看，无论是赛睿、华硕，还是罗技、雷蛇及大多数竞争者，其购买理由定位都集中在产品功能上，诉求基本上都针对清晰度（听声辨位）、舒适度、隔音的几个电竞耳机特点。M 若要从产品功能上找到差异化价值、寻求突破，难度较大。

从顾客分析可知，MOBA 推塔游戏使用电竞耳机主要是注重参与感受，对手机声卡没具体要求，FPS 枪战游戏使用电竞耳机主要是注重声音立体感，将声卡性能发挥到极致。

表 6-4 顾客分析

游戏类型	游戏列举	佩戴耳机	使用场景	洞察	耳机需求
MOBA 推塔	王者荣耀（手游） 英雄联盟（PC 端）	感受游戏氛围	手游： 耳机连线 无线	注重参与感受，对手机声卡没具体要求	耳机是体验电竞的一部分：清晰、舒适
FPS 枪战	CS：GO《战地》 《使命召唤》 《吃鸡》 CF（手游）	为游戏提供指引	PC 端： 耳机连线	注重声音立体感将声卡性能发挥到极致，对电脑声卡有要求	耳机是对战的一部分： 听声辨位、舒适、隔音

据观察，M 电竞耳机现有三款分别有以下特点：

- 蓝牙电竞耳机，定位：手游；技术支持：蓝牙+立体环绕；
- 头戴式电竞耳机，定位：端游；技术支持：7.1 立体环绕；
- VRX 头戴式电竞耳机，定位：端游；技术支持：3D 立体环绕、降噪技术。

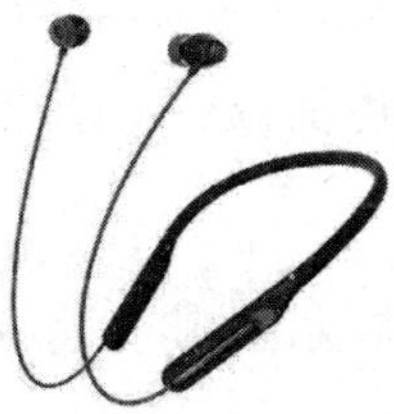

图 6-2 蓝牙电竞耳机

图 6-3 VRX 头戴式电竞耳机

调研发现，顾客使用电竞耳机是因为：无论是 MOBA 推塔还是 FPS

枪战游戏，完美的视听体验都是电竞不可或缺的一部分，不仅满足听声辨位、与队友沟通的需求，更带来极致的电竞乐趣。

M 电竞耳机侧重在“感性动机原力”与“现代”这个坐标区域的“第三类商品购买理由定位”，如图 6-4 所示。因此，其购买理由定位的核心概念是：M 电竞耳机就是为了让电竞爱好者自信、勇敢，畅享电竞青春。

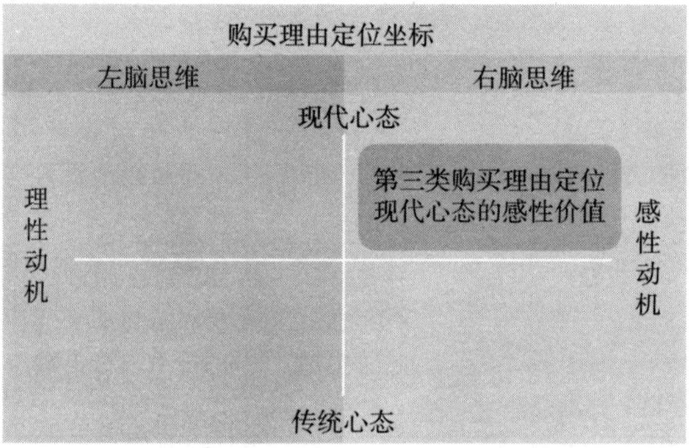

图 6-4 M 电竞耳机的购买理由定位坐标

第二步：嫁接动机原力，创建购买理由

从创建购买理由的三点要求，我们来看看 M 电竞耳机品牌有哪些差异化价值：

（1）够精准：M 电竞耳机满足游戏的不同使用场景，其蓝牙电竞耳机为 MOBA 推塔游戏而生、头套式电竞耳机为 FPS 枪战游戏而生。

（2）有情感：M 电竞耳机炫酷外表与出色品质，让体验者自信从容、尽情激战。

（3）有特点：M 电竞耳机向潜在消费群展示对其有意义的功能性作用，即蓝牙电竞耳机具有“10 米蓝牙传输”的特点、头套式电竞耳机具有“超级 3D 音效”的特点。

嫁接动机原力，梳理出 M 电竞耳机品牌的购买理由金字塔，如

图 6-5 所示。

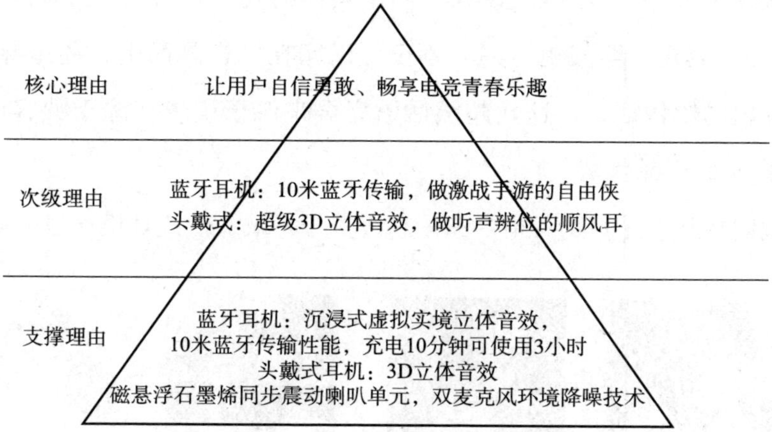

图 6-5　M 电竞耳机的购买理由金字塔

7. 创意购买指令

有了购买理由，找到超级口号与超级符号便是下一步的重点工作。在目标顾客的潜意识里，我们找到了几个核心词汇：青春、刺激、热血。这个不是凭空想象的，而是从调研中得来的。

我们提炼出 M 电竞耳机的购买理由写真：

“青春”是用户脑海里对电竞已有的认知，最能代表电竞者的心态。完美的视听体验是电竞不可或缺的一部分，M 耳机不仅满足听声辨位以及与队友沟通的需求，更带来极致的电竞乐趣。“刺激的、年轻的、酷酷的、冒险的”是 M 耳机的品牌个性，无论是头戴式还是蓝牙耳机，M 耳机都给顾客带来自信从容、尽情激战的情感体验，让用户自信勇敢、畅享电竞青春乐趣。

同时，我们创意了品牌购买指令——超级口号：声临其竞，激战更尽兴。

“声临其竞”来源于顾客原话“身临其境”，也是最认可的话，直接刺激顾客神经。“激战更尽兴”给出具体的利益和结果，打动顾客。

“声临其竞，激战更尽兴”不仅可以印在广告画面上，还是导购能随口说出的销售话语。这句超级话语完全来源于市场，源于顾客诉求，更源于 M 的产品优势。

我们找到了品牌购买指令——超级符号：戴头戴式耳机作战的形态。

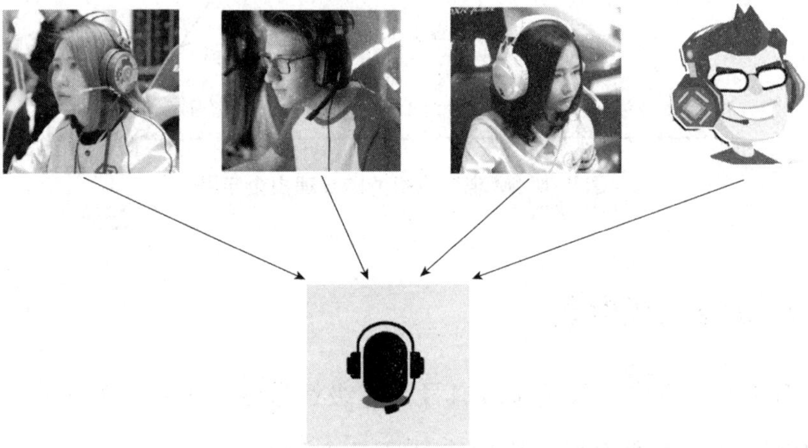

创造品牌形象的最好办法是用超级符号。超级符号本质是找到一个顾客熟知、顾客见了就喜欢的，和品牌基因相契合，发挥文化原力的符号，它能让一个品牌在一夜之间成为顾客的老朋友，迅速建立起品牌偏好。

我们从顾客调查中找到电竞的购买指令符号：“戴头戴式耳机作战”的形态。这个符号也成为指导年度营销战役的核心符号。

8. 策划购买刺激：整合营销传播

为了创建超级购买刺激，我们从“内容+活动+媒体”三个层面来制定整合传播纲领：

内容层面：基于整合营销传播同一个声音，即同一个主题的原则，开展“切主题、有意思、有意义”的整合内容，同时自发生产UGC，引爆传播话题。

活动层面：基于目标人群细分定位，围绕顾客体验及产品特点，制定“好参与、易互动、可持续”的营销传播活动，活化年度营销传播。

媒体层面：针对营销传播行动，整合微博、微信社会化媒体，以及传统媒体与垂直网站、直播平台、贴吧、网站等新媒体平台，形成“高声量、多互动、强口碑”媒体传播矩阵。

在年度营销规划上，我们制定了“五个一”营销传播沟通策略：

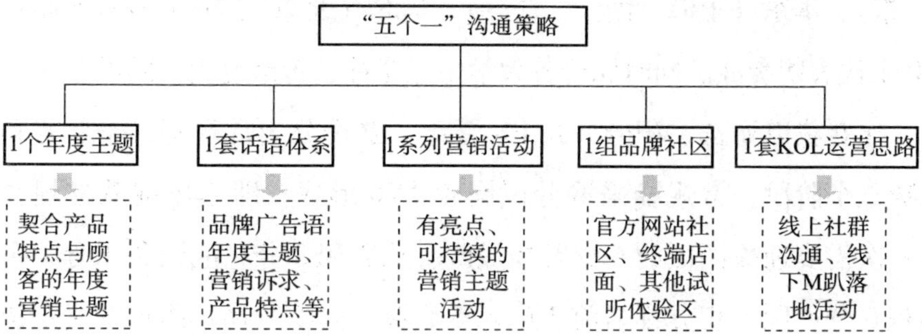

图6-6 “五个一”营销传播沟通策略

一个年度主题：

创作主题“与M激战电竞青春”，让年度营销传播更聚焦。

好的广告传播语一定要包含品牌名。传播的基本原理是刺激—反射，只用陈述句和行动句。“激战”是信息刺激，“电竞青春”是直接下达购买指令，“与M激战电竞青春”，让人听了直接行动，不用思考。

一套话语体系：

话语体系由品牌超级口号、年度主题与产品诉求构成。

超级口号：“声临其竞，激战更尽兴”，年度主题“与M激战电竞青春”。上文已说，不在此赘述。

此外，根据不同的产品，还需要有产品诉求。头戴式电竞耳机产品诉求为“超级3D立体音效，做你听声辨位的顺风耳”，蓝牙电竞耳机产品诉求为“10米蓝牙传输，让你做激战手游的自由侠”。

一系列营销活动：

根据电竞爱好者的喜好及特性，开展大学生电竞联赛、说出你的青春宣言、约战暑假、票选最美电竞主播以及品牌促销活动，形成超级购买刺激。

活动一：百团大战——M杯大学生电竞联赛

该活动计划依托FPS类游戏平台，如绝地求生-刺激战场，覆盖华南（广东）、华东（上海、浙江、江苏）、华北（北京），五大城百所高校约100个代表团参战。同时联合各大学生电竞社、腾讯电竞共同承办。

比赛将以海选、积分方式PK晋级。赛季分为常规赛、季后赛和总决赛三个阶段，常规赛采取分区同轮1V6形式，即主场战队常规赛同轮一次需要迎战同区的6支客场战队，战胜积3分，战败积1分，未出场积0分；同区积分排名前3进入季后赛，同积分通过附加赛决定进入季后赛名额，季后赛采取同区跨位赛制展开，第2、第3名通过BO5对决，胜者将迎战积分第一名的战队，然后通过BO5角逐出分区的冠军、亚军；总决赛东西区冠亚军通过交叉淘汰决出冠亚季军。赛事总奖金设置为30万元，其中冠军奖金20万元，亚军8万元，季军2万元，是目前全国高校电竞赛最高奖金。

活动二：“无电竞、不青春”，说出你的青春宣言

该活动主要针对的目标人群为职场人士，活动主要分两部分进行。

第一部分为“无电竞、不青春”H5互动征集。第二部分为“无电竞、不青春”街头采访的形式，全城参与，营造话题。

活动三：票选最美主播

电竞主播是电竞不可或缺的角色，结合“百团大战”电竞联赛，

将邀请广大网友票选最美电竞主播。

活动四：约战暑假

暑假之际，将会是大学生玩电竞游戏的黄金时间。开展“约战暑假——激战电竞青春”活动，以MOBA类游戏如英雄联盟或王者荣耀为主体，在华南（广东）、华东（上海、浙江、江苏）、华北（北京）的城市及其周边城市展开。联合腾讯电竞，以积分、段位升级方式获得奖励。

活动五：品牌折扣活动

为了更进一步刺激销售，制定激战电竞青春年度营销促销计划。

一组品牌社区：

在电竞话题下建立品牌社群。在电竞领域针对电竞玩家围绕电竞话题开展耳机相关社群，同时建立品牌社群，对目标顾客的孵化更有针对性。

一套KOL运营思路：

通过策划契合目标人群的品牌营销活动，并且设计竞赛、积分活动与目标人群互动，建立购买刺激时机、设置购买优惠机制，打通线上电商、线下实体店销售，以及设置鼓励分享有礼机制，线下实体店、合作网吧免费试听、KOL推荐，培养成为素人KOL。对于素人KOL，设置鼓励分享有礼机制，成为M的宣传员，建立线上官网社群或微信社群，建立各高校的M趴，不定期开展活动。

具体的KOL运营可以这样操作：

素人KOL，通过32个电竞社互动，线下参与分享，分四个环节筛选出品牌好感度高的100人，培养为品牌的口碑KOL，以及通过线上互动、线下M趴实现KOL的传播裂变。

第一环节：曝光。以企鹅电竞或虎牙直播站内广告为基础，配合M微信、微博迅速推出“激战电竞青春——暑假约战”活动，曝光渠道有电竞 KOL、32 个电竞成员、企鹅电竞官方公众号、100⁺家实体店。

第二环节：互动。搭建“激战”平台，通过设置 20 小时、40 小时、60 小时、100 小时激战任务，搭配场景教育，实现深度互动。

第三环节：引流销售。战友可选择前往最近实体店购买，可获得优惠与礼品，实现 O2O 销售。

第四环节：分享口碑。设置鼓励分享有礼机制，线下实体店免费试听，KOL 推荐，以及产品使用场景教育。

要注意的是，这“五个一”是互为一体、不可分割的，“五个一”在一起形成品牌整合营销超级刺激力。而且营销活动要每年可持续，周而复始、年复一年，这样可以发挥超强的条件反射刺激力，让顾客养成自动购买的行为。

9. 传播实施整体规划

以“年度事件营销”为核心，根据目标人群（大学生为主、职场青年为辅）的特点，以大三、大四的大学生以及职场人士为核心人群。从目标人群的电竞参赛、段位升级的需求等购买时机，驱动购买刺激；贴近年轻、炫酷的顾客族群，创建刺激的、年轻的、酷酷的新品牌形象；通过走进高校、走进顾客网络社区，有效接触顾客的关键接触点；开展整合营销传播战役。

前面我们讲过，营销就是发信号，媒体就是信号的“发射塔”，任何营销传播都离不开这个“发射塔”。

在年度营销传播战役中，首先要强调“自媒体工程”。自媒体工程就是用媒体思维去设计品牌及顾客接触的所有环节，是投资，不是成本。自媒体不只是微博、微信，还有你的包装、店面……，是每一个能让品牌得到曝光、能与顾客甚至是员工产生链接的媒介。同时，根据目标受众分类，我们还要从传播的目标出发，构建四位一体的媒介组合策略：

- 精准定向：定向大学生及职场电竞发烧友中青年人群；
- 高效互动：赛事直播、电竞 KOL、网红直播平台互动；
- 话题引爆：电竞微信社群，电竞微信、微博话题榜；
- 集中覆盖：以高校电竞社群为联结，集中覆盖与扩散。

从电竞人群的媒介接触习惯分析，在媒体组合上以“互联网媒体、社会化媒体、直播平台媒体与传统媒体”的四大生态圈为主，形成全媒体组合拳。互联网媒体以 BAT 为主，包括百度搜索、天猫、腾讯广点通、京东等，涉及网络综艺、垂直网站与网络贴吧、论坛；直播平台媒体以虎牙、斗鱼的电竞直播平台与抖音娱乐直播平台为主，实时与顾客互动，增强品牌活动曝光；社会化媒体以微信、微博为核心，以官网品牌社区为辅，连接 KOL，构建与顾客互动的媒体矩阵；传统媒体以校园内的户外、围栏、餐桌、宣传栏以及校园附近网吧、电竞馆等为主。

接下来，我们根据目标顾客的特点制定了清晰的传播部署。

本次年度整合营销战役以学年为单位，可以“春季学年、秋季学年和寒暑假”三个时间节点来划分，如表 6-5 所示。

表 6-5 M 电竞耳机年度 IMC 战役脉络表

表 1：春季学年 IMC 战役脉络			
时间	3 月 9 日—3 月 23 日	3 月 24 日—4 月 24 日	3 月 30 日—6 月 23 日
行动	与 M 激战电竞青春	“无电竞不青春”，说出你的青春宣言	与 M 激战电竞青春
话题	#电竞青春#耳机品牌举办了最高奖金的中国大学生电竞联赛，电竞高手北京论剑，20 万大奖花落谁家	#无电竞不青春#不管是落地成盒，还是伏地成魔，青春不服输，就该肆无忌惮地向前冲	#电竞青春#人生无悔，在电竞上找到自己的青春主场 #电竞青春#好好学习，天天向上，戴上 M 激战青春

续表

活动	新闻发布会	“无电竞、不青春”H5征集；街头采访、多城互动；M“惠战青春”购优惠活动	海选赛、晋级赛，京东618品牌优惠活动
多维度整合传播	腾讯电竞、企鹅电竞直播，电竞类百万级微博大V、十万级微信大V直发，覆盖网络，北、上、广、浙、江跟进报道；行业、顾客端社会媒体跟进报道	抖音、微博话题制造热点，引发讨论；举办地KOL个人微信号转载传播，社群跟风造势	网综植入，虎牙、企鹅电竞、熊猫直播；举办地微博大号集中引爆，官网、社区、电竞社媒体全程报道

表2：秋季学年IMC战役脉络			
时间	9月1日—15日	9月16日—1月16日	11月15日—1月15日
行动	与M激战电竞青春	与M激战电竞青春	票选最美电竞主播
话题	#电竞青春#M杯大学生电竞联赛淘汰赛即将打响	#电竞青春#电竞高手M赛场、20万大奖花落谁家	#我为主播狂#知否知否应是绿肥红瘦，不胖不瘦，主播小燕子留点刘海刚刚好
活动	“百团大战”秋季开赛，M“惠战青春”学生购优惠活动	淘汰赛、复活赛、半决赛、决赛，天猫双11品牌优惠活动	海选赛、晋级赛，京东品牌优惠活动
多维度整合传播	校园张贴平面广告，电竞类百万级微博大V、十万级微信大V直发，覆盖网络北、上、广、浙江、江苏跟进报道，行业、社会媒体跟进报道	网综植入，虎牙、企鹅电竞、熊猫直播；举办地微博大号集中引爆，官网、社区、电竞社媒体全程报道	举办地KOL个人微信号转载传播，社群跟风造势，微博话题制造热点，引发讨论

表3：暑寒假IMC战役脉络		
时间	暑假（7月1日—8月20日）	寒假（1月20日—3月1日）
行动	与M激战电竞青春	约惠寒假
话题	#约战暑假#要玩就玩个痛快	#约惠寒假#激战春节不打烊
活动	约战暑假，M品牌优惠活动	M品牌优惠活动
多维度整合传播	电竞直播，微博大V、官方微信，覆盖网络贴吧、论坛	网店广告、平面广告，微博话题制造热点，引发讨论

10. 传播实施计划

有了大的方向与规划，我们还要将每个营销活动落地，以“M杯大学生电竞联赛—百团大战”为例，从活动、活动的超级符号、漫画故事等内容方面进行整合创意。（说明：具体的媒体传播计划此处不做详细说明。）

◎ 策划活动

创意大赛的超级符号——传播口号：与M激战电竞青春

那么，活动营销怎样创意，才能让活动“活”起来？

活动营销是年度整合营销传播的重要抓手，从“仪式感、互动环节和媒体宣传”三个方面进行创意。

第一，有意义的仪式感

仪式感是活动营销的文化原力，电竞人群也需要很强的“仪式感”。以“M杯大学生电竞联赛”线下小组晋级PK竞赛的方式，让参赛者有现场感和仪式感。

第二，有意思的互动环节

消费者体验品牌、感知品牌的重要触发点是与品牌互动。

活动的互动性创意的要点是：让参与者完成任务，如组队与对手PK比赛，现场试戴M电竞耳机，体验身临其境的震撼感，这些都是有趣的互动环节。

第三，比赛成为超级自媒体

活动现场将品牌价值、购买理由、超级符号、商品展示等信息凝聚成一体的超级品牌讯息包，每次比赛都成为活动宣传的自媒体，尤其是决赛对战，超级自媒体自带流量，形成极强的购买行动力。

◎ 创意超级符号

设计大赛的超级符号——LOGO：我们选用代表电竞的“头戴式耳机”的图形符号作为“百团大战”活动 LOGO，结合大学英文首字母“U”，加上 M 耳机的 LOGO 元素，突出了年轻顾客在电竞游戏中的形象。大赛主形象设计是第二个超级符号，选用电竞耳机的目标人群——阳光青春少年为主要视觉人物形象，结合电竞游戏的场景，创意制作了活动主形象创意设计、海报设计，同时制作了以青春大学生为主角的大赛宣传视频，引起大学生共鸣。

不要认为大创意一定要花大钱才能做出来，一个伟大的概念，无论是一张请柬、一个纸杯、一个包装设计、一个促销创意、一个销售事件或者一件 T 恤，都同样具有力量。

图 6-7 大赛 LOGO

图 6-8 大赛主形象

图 6-9 大赛海报形象

图 6-10 大赛主视频

◎ 创意漫画故事

漫画品牌故事如图 6-11 所示。

图 6-11 大赛漫画

◎“百团大战”赛事传播策略

第一，线下平面广告宣传

选择人流量最大的地方如食堂、操场曝光品牌，通过校园平面广告实现核心区域全覆盖，对顾客实现有效拦截，实现终端导流。在顾客随机选择的时候，给顾客提供信息服务，让顾客主动找我们。

第二，线上游戏网综广告植入

《别动我手机》突破网综新模式，游戏大主播做嘉宾，日播放过亿。腾讯网络动漫在兴起，青少年的市场很大部分在动漫里，动漫跟游戏亦是密不可分。

第三，双微与直播新媒体营销

微博互动话题#与M激战电竞青春#M邀你一起激战电竞青春，M杯高校电竞联赛——百团大战，即将打响，本次联赛覆盖华南（广东）、华东（上海、浙江、江苏）、华北（北京）五个省市100个团，同时邀请大咖转发，各地M趴转发，邀请KOL直发、转发。微信KOL与本地电竞社群广泛扩散，制造影响力。此外也在多个直播平台整合传播，有效直达受众。

（注：此案例获得香港大学SPACE学院ICB举办的2019年“年度之星”大奖。）

Tips

1. 诱因原力：来自巴甫洛夫、斯金纳的条件反射定律和华生的刺激原理。

2. 营销传播就是发信号，信号越强越有效。

3. 影响购买刺激的诱因信号：信息来源、媒体组合、活动营销。

4. “信息整合、媒体整合、活动整合”嫁接诱因原力的整合营销，就是超级购买刺激。

5. “五步”建构整合营销传播蓝图。

第七章　B2B高科技品牌打造

全球化时代，中国的商业经营生态从“产品数量”转向“品牌质量”，B2B 高科技企业的营销遭遇到了瓶颈，正如现代营销学的奠基人之一西奥多·莱维特所认为的营销短视症那样：

第一，自认为只要生产出最好的产品，不怕顾客不上门；

第二，只注重技术的开发，而忽略消费需求的变化；

第三，只注重内部经营管理水平，不注重外部市场环境和竞争；

……

营销是改变顾客认知、品牌立足顾客心智最为重要的方法，也是企业极为重要的无形资产。经济全球化带来科技的全球化，推动了 B2B 高科技企业的大力发展，品牌作为营销的制高点，不仅助势公司产品的销售，也对公司的股票涨幅（事实上所有的上市公司都应该重视品牌宣传）有积极影响。

知名品牌专家大卫艾克认为，“品牌是担保者和驱动者”。B2B 高科技企业不仅通过技术创新取得成功，占据企业制高点的品牌经营也至关重要。正如国外的 IBM、通用电气、英特尔、微软、甲骨文，以及国内的华为、迈瑞、海能达等企业，它们成为享誉全球的 B2B 高科技企业品牌，就是品牌塑造的成功典范。

1. 关于品牌传播定位

许多 B2B 高科技企业一直在为品牌而烦恼，由于受控于技术专家，这些公司经常缺乏相应的品牌战略，甚至简单地认为品牌无非是设计一个 LOGO、做个画册、给产品命名而已，这其实是远远低估了 B2B 高科技企业品牌塑造的价值。

品牌表达了顾客对某种产品及其性能的认知和感受，代表一种识别标志、一种精神象征、一种价值理念。品牌指向感受，做品牌就是做更高级的营销。

B2B 高科技企业的产品数量庞大（有的企业涵盖不同类别的多种产品），且伴随无形服务，从动机原力来说，我们有两个维度可以为 B2B 高科技企业进行品牌传播定位（为了区别于 B2C 的购买理由定位，考虑到 B2B 企业的采购决策复杂、影响购买因素较多，故此处用“品牌传播定位”）：

第一，运用“数一数二”策略为品牌传播定位，即企业在某些方面，如销售额、产量、技术专利、研发创新、市场覆盖等方面能够进入行业的“数一数二”位列，如“某某企业品牌领头羊”“某某企业龙头品牌”，当然，除非你的企业确实具有很明显且很强的优势，否则这个定位很难成为有利的战略位置。

当然，对于品牌传播定位，尤其 B2B 高科技企业的定位，很多人都有一个误区，就是习惯以“某某行业领导者”“某某行业解决方案专家”来作为品牌定位。殊不知，这样的定位不仅不易在品牌沟通中与目标人群建立情感共鸣，而且其沟通效率极低。其实这类品牌形象塑造方法，更适合企业定位，并不适合品牌传播定位。有几次与 B2B 高科技企业的客户交流，我说你们定位为“领导者”，你们相信自己是“领导者”吗？对方说，没有底气；那顾客相信你们是“领导者”吗？对方说：客户不认为我们是。既然自己也不相信，客户也不相信，你把这个“领导者”对外宣传就是无效的，客户反而觉得可笑；对方说，策划公司就是这样定位的，老板就是这么定的。这种定位方法其实是不恰当的。

第二，从“感性动机原力”找到定位的共鸣点，创立感性定位。其实，即使你的企业具有领导者的竞争优势，刘述文这厮也建议你考虑从感性动机原力的情感来定位品牌传播、勾画品牌的灵魂。品牌不是产品和服务本身，而是与顾客沟通，建立情感连接。你在了解现有企业的核心价值时必须了解文化渊源、社会责任、顾客的采购心理因素，更重要的是将感情因素、情绪因素考虑在内。因为，建立在顾客与企业或产品之间的兼容情感，往往会具有很强的沟通力与传播效果。

随着B2B高科技企业发展，有学者提出了“差异化、功能化、附加价值、共鸣”的4VS营销理论，这四点也成为很多企业打造品牌重要的参考。对于B2B高科技企业品牌，品牌传播定位的差异化是情感的差异化，品牌口号是品牌有温度、有态度和有黏度的话语，这样才能与目标人群形成共鸣，建立顾客能感知得到的品牌联想。

迈瑞医疗的品牌传播口号“生命科技如此亲近”就体现了与顾客的情感连接。

作为医疗器械界的“华为”——迈瑞最大化提升了医生与医院的价值，其企业定位为：全球领先的医疗设备与解决方案供应商。迈瑞医疗以创新性、全球化、智能化为发展坐标，无论是对医生还是病人，迈瑞并非是冰冷的器械，而是为生命而营造的高科技，赋予使用者更贴心的呵护、带给人类更多的关爱。我们可以梳理出迈瑞“生命科技”的品牌传播定位，因此其品牌传播口号为：“生命科技如此亲近”。

图 7-1　迈瑞医疗传播口号

为了凸显服务的差异化，迈瑞的医疗提出了服务话语：医心一意智领未来，旨在打造智能化医疗器械的高端品牌，让医生心手合一，是医生得心应手的帮手。

同样，海能达通信“让世界更安全更有序”的品牌传播口号，也彰显了品牌定位。

海能达的企业定位为：“全球领先的专网通信解决方案供应商”。海能达通过技术创新、全球化并购发展，获得技术共享，围绕打造“全球通信创新融合”的品牌战略。那么，为什么是“更安全更有序”？因为调研发现——安全是专网通信顾客的心智触点，因此其品牌传播定位围绕核心词汇——“安全”与“有序”，并创建了品牌传播口号：“让世界更安全更有序”。

毋庸置疑，由于 B2B 高科技企业中的大部分管理者总是考虑到其产品的理性因素，在品牌传播定位中很容易忽视创建品牌过程中情感的作用，殊不知“安全感、社会认同及自尊感”等相关的情感联想，是 B2B 高科技企业品牌资产的重要来源。也就是说，占据消费者的心智空间才是品牌的方向，通过提高顾客的安全感，从而降低风险，是顾客购买决策的重要影响因素。

当然，为了建立更立体的品牌传播定位，我们可以将企业定位与品牌传播定位两者整合来运用，通过对品牌理性和感性因素的了解和评估，升华出品牌的灵魂及独一无二的定位和核心传播信息（超级传播口号）。毕竟从顾客采购理由来说，多说一些有价值的理由，更有利于品牌塑造与品牌销售。

2. 关于品牌形象打造

◎ LOGO 与超级符号，铸就超级品牌视觉形象

据相关研究可知，“品牌形象”是消费者通过处理来自不同信源的信息，长时间所形成的对品牌对象的总体感知。品牌形象是品牌资产主要的维度之一，是 B2B 高科技企业品牌的核心与灵魂，为品牌提供了方向、目标和存在意义。

受著名 B2B 高科技企业（IBM、GE 等）与设计公司的影响，在品牌形象打造上，中国的高科技企业都迷恋上了做 LOGO 与 VI 设计。很多企业管理者甚至认为做品牌无非就是做 LOGO 与 VI 设计。其实，LOGO 与 VI 作为重要的品牌符号，是构建品牌联想很重要的品牌形象载体，是品牌形象塑造的一部分。VI 形象需要的是有差异化的视觉形象，除了 LOGO，也要有自己的超级符号。

例如，刘述文这厮为深圳市深大极光科技有限公司做品牌形象设计时，以极简洁的设计语言——企业中英文字体为核心创意设计，为了让品牌形象更有极光防伪的行业属性、现代感与科技气息，设计了超级符号——防伪墙图形，强化了整体形象视觉，在众多的形象中脱颖而出，如图 7-2 所示。

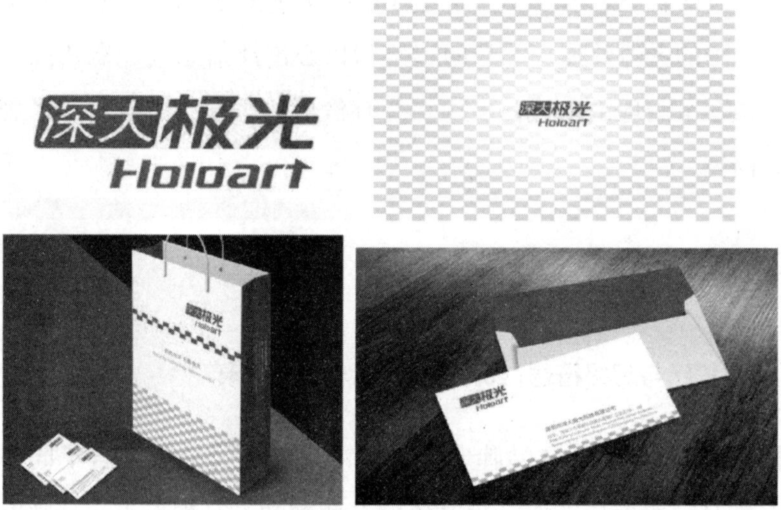

图 7-2　深大极光品牌形象设计

◎ 企业品牌 PR 宣传，掌握品牌形象话语权

其实，除了品牌的视觉形象，还有话语认知形象也非常重要。把品牌比作一个人，LOGO 与视觉形象是他的颜值形象，而基于价值理念的话语认知则是他的“内在美”形象，人们对一个品牌的内在美形象感知更多的是来自顾客、潜在顾客的口碑以及公众的舆论，对话语权的攻心宣传是很多 B2B 高科技企业管理者所忽视的。

对于 B2B 高科技企业而言，塑造品牌价值理念的内在美形象，可以运用好 PR 宣传（公共关系宣传）发起整合营销传播，掌握话语权。根据井之上乔在《公关力》一书的解释，PR 宣传分为两种：“市场营销 PR”与“企业品牌 PR”。

市场营销 PR：广义定义为“从产品或服务的诞生到消亡过程的所有相关活动”。以支持产品或服务广告为首，包括产品展示会、讲座、座谈会等活动或赞助，或支持客户发行的出版物等多种形式。以目标顾客、潜在顾客为对象，通过提高商品品牌与产品形象而扩大销售额。

企业品牌PR：以企业自身的哲学或理念作为信息传达，以树立企业的良好形象，将经营理念、经营计划、经营战略明示化。

市场营销PR与企业品牌PR属于各自目的不同的战略，但是独立的两者并非没有关联。以促销为目的的市场营销PR，在提升产品印象的同时，也会提高企业形象。企业品牌PR构筑的良好企业形象，也关联到对该公司产品的购买欲望。企业品牌PR的内容包括声誉管理和品牌管理。

（1）声誉管理

企业品格不仅由企业形象和产品形象，还由企业收益、投资者关系、CRS（企业社会责任）与企业的未来可能性等各种相关因素构成，将这些必要的因素进行综合的把握、管理，正是声誉管理。

（2）品牌管理

品牌管理分为整体和局部、有形和无形、内在形象与外在形象。根据大卫·艾克对品牌资产的管理，可以从品牌知名度、品牌美誉度、品牌联想、品牌质量感知和品牌专利专属五个维度来管理品牌。

有了品牌资产思维，无论你的企业有多复杂，你都可以发挥品牌杠杆作用。无论你的产品、业务多复杂，你都可以找到企业与目标顾客心智相兼容的品牌传播口号，如果你的企业足够大，你可以用更大气的传播口号来与顾客沟通，例如GE就用了“梦想启动未来”的传播口号。

◎ 品牌架构：撬动品牌形象的杠杆

关于品牌形象建立，第一个要搞清楚的就是品牌架构。随着这些年B2B高科技企业整合、并购增加，这几年咨询品牌架构的客户明显较多。其实对于品牌而言，品牌架构是最能发挥杠杆作用的。成功的B2B

高科技企业品牌架构以单一品牌架构（企业品牌）为主，例如，GE、西门子、飞利浦等企业，就成功运用单一品牌杠杆撬动整体企业的发展。

有的B2B高科技企业通过产业并购，旗下有两家及以上的子公司，却想让两个品牌或多个品牌独立发展，其实这样的操作不便于发挥品牌杠杆作用，会带来两个负面结果：

第一，不便于形成统一的品牌形象。品牌形象的两个核心要素是商标（色彩、图形）与传播口号，当然也有的还增加辅助图形、吉祥物之类的。如果是两个品牌发展，就代表两套对外展示的独立品牌传播，其中，对于品牌塑造而言，LOGO是最大的超级符号，是最大的购买指令，如果两个企业品牌的标识同时出现，不管是两个LOGO的展现体量是一样的，还是一个所占比例大、一个比例小，这都会引发另外一个问题，即你的视觉不聚焦，并不容易被识别，"少则得，多则惑"，太复杂化的标识容易造成视觉形象混乱。

第二，缺乏营销传播聚焦，导致浪费很多推广资源。经常有从业者问我，B2B公司适合什么样的品牌架构，企业是用单一品牌好，还是多品牌好。要回答这个问题，有必要先来讨论一下品牌塑造原理。品牌塑造是要在顾客心智中建立品牌认知，你的品牌形象塑造是否成功，取决于你的推广资源多寡，塑造成功的品牌形象需要一定数量的传播预算。你的品牌多，也表明需要的传播资源多，在总资源不变的情况下意味着你的资源分散。

由于产品或服务组合的宽度及复杂性，B2B高科技企业更需要强调公司品牌（如飞利浦、西门子、ABB、思科、迈瑞、IBM等），对于公司旗下的新产品，你可以直接以介绍性的产品修饰词连接在公司品牌名称后面，建立母子品牌，如华为GSM-R解决方案、华为eLTE解决方案；海能达全融合方案；迈瑞 TEF7 智能超声影像等。

品牌杠杆是品牌最大原力。在市场竞争中，企业的资源其实是有限的，务必要发挥品牌杠杆的原力，形成合力，减少传播资源浪费，让每一次展示都为品牌加分，每一次传播都是品牌资产的积累。当然，如果你的企业有巨大的资源可以用，那你便可以尝试多品牌战略。需要提醒你的是，对于 B2B 高科技企业品牌，没有必要为了开展多品牌而浪费资金，除非你的新业务是与主业风马牛不相及的业务，如 B2C 业务。

无论如何，你应该将公司品牌创建为“可信赖的符号”，即成为消费者从感情上渴望和该品牌结合在一起的名称或符号，最终成为“最钟爱的符号”。

3. 关于品牌整合沟通

◎ 保持品牌沟通一致

品牌的本质是品牌认知直指顾客心智，品牌资产的强大在于这个品牌存在于多少顾客的心智中。受技术创新的影响，或许你每年都在想如何在品牌内容上创新，殊不知品牌资产需要一致的、稳定的品牌内容，品牌核心形象一旦确定，就务必保持沟通的一致性。

在信息爆炸的时代，顾客需要花足够的时间去认知一个品牌，并对你的品牌信息做出反应，如果你的品牌与顾客在沟通过程中缺乏一致性，顾客就会感到困惑。

保持品牌沟通一致性的第一个挑战来自你企业的内部沟通机制。只有企业的每一名员工都能对品牌形成一致性的认知，并最终融入品牌文化之中，成为品牌的保护者和传播者，品牌才有可能以一致的形象被传播并最终被顾客认可。

员工是品牌对外沟通的最重要的媒介，所有员工必须要全面了解并认同企业的价值理念（愿景、使命、价值观）。很多 B2B 高科技企业老板、高管认为公司的使命、愿景很虚，没有必要让内部员工学习、让顾客知道。

其实，这些价值理念恰恰体现了你企业的精气神，例如华为以“迈向全联接世界的开放之路”连接了内部员工与顾客；海能达“让世界更安全更有序”传递了安全的使命；迈瑞以“成为守护人类健康的核心力量”凝聚了企业组织的梦想。对于员工和顾客而言，谁不喜欢一个有梦想的企业呢？

在 B2B 高科技企业品牌沟通的过程中，富有个性的品牌形象传递了重要的价值精神，如华为的“价值创新”被业界奉为传奇，微软和甲骨文被视为“开拓进取”的公司，迈瑞与海能达坚守自主创新成为“勇于创新”的企业。

保持品牌沟通一致性的第二个挑战来自外部品牌沟通策略和品牌接触点管理。

从系统品牌运营来看，整合的品牌信息传播管理至关重要。无论如何，你的品牌塑造最后落脚点都是顾客和市场的认同。所以，你企业的品牌发展与维护需要不断与顾客互动，不断与市场互动。在这些互动过程中，你的企业应该实现外部一致性沟通。

实现外部一致性沟通的关键在于能否真正做到坚持一种声音对外传播。顾客对品牌的体验不仅仅来自媒体，更多的来自顾客与品牌的接触点上。对于 B2B 高科技企业而言，品牌传播代表一种承诺，许下诺言也许很容易，而在每时每刻、任何地方都能履行诺言却是一件非常不容易做到的事情。你必须把每一个可能出现的顾客接触点都纳入品牌管理的范畴，并对品牌接触点进行有效的管理。

◎ 用好软文宣传这把利剑

众所周知，B2B 高科技企业涉及的顾客群体、利益相关者会更广泛，存在诸多因素来影响企业的销售与推广，所以整个营销会变得更为复杂。由于 B2B 高科技企业注重技术研发，在品牌建设方面往往重视技术专利创新，忽视企业的品牌推广，即使有品牌推广的预算也非常有限，其实他们忘记了顾客认知到这些专利技术才是最重要的。

当前，B2B 高科技企业主要以展会营销、事件营销、会议营销、样板案例营销为主要品牌传播方式。品牌形象广告、物料、公关软文、产品展示成为品牌传播的重要手段。对于目标受众比较窄的 B2B 高科技企业而言，从投资回报率来看，大众广告（广而告之的方式）回报率低，在营销传播中并不适合。当然，由于行业刊物或者采购类专业期刊针对专门的顾客群体，在这些刊物上登载广告，具有很好的传播优势。

与广告相比，软文宣传因媒体人、记者、行业专家等第三方为企业说话，它的公信力远远高于广告，同时还具有资金成本低的优点，尤其在自媒体时代，这种宣传方式更便捷，也因此，软文宣传是 B2B 高科技企业以及上市公司最为常见的宣传手段。

软文是一种低成本高效益的信息沟通方式，无论你用以建立品牌偏好，还是育人施教，即使在碎片化的媒体环境中，出色的软文仍然是帮你打开品牌知名度、推动商品销售的主要方式。

如果你是 B2B 高科技企业的宣传负责人（或者市场部、品牌部、公关部），你可以从以下几点开展工作：

首先，你要规划好年度营销活动。你要规划出全年的推广重点，如果你是医疗器械企业，就要把 CMEF、国外大型医疗器械展、两会、医疗政策颁布点以及学术交流会等活动作为年度传播节点，并合理地将需求转化为传播方法、方案供各相关部门或子公司实施，并进行监督和评估。

其次，建立好传播内容的话语体系。活动只是传播支点，你还要利用软文宣传，将公司的新技术、新产品、新包装等方面的讯息传播出去。此外，你要注意输出品牌的核心内容，例如企业品牌名、产品名，还有企业的使命、愿景、价值观、传播口号等，构成一套有腔调、有态度的话语体系。你可以让内部撰稿，也可以让资深媒体人来创作稿件，并做好媒体分发。

再次，你的软文还需要有大量的关注度。为了让软文便于更多目标群体（顾客、未来的顾客或者上市公司的公众）关注，成为上热搜的热议话题，你还需要运用文化原力特点，将内容的关键词与时事话题结合，梳理出更多关注度很高的“词语”或“词汇”来传播（可以在百度、微博上搜索热度词）。例如，医疗企业可以梳理出“医联体、一带一路、智能医疗、人工智能、健康中国 2030、中国制造”等核心词汇，把这些热词植入软文中，也可以通过洗词、造词，将旧词赋予新意义，都可以起到非常好的传播效果。

为了确保顾客能感知到品牌的差异性，给顾客留下美好的印象，你就要对其建立价值感知联想。构建高价值感知是最为有效的，例如华为通过国际权威评测机构注册专利，抢占行业标准，获得高价值的 IP，通过获得“最佳解决方案技术领导奖”“创新方案奖”“优秀案例奖”等建立了高价值感知。

最后，你要运用好媒介组合，释放整合传播力量。

抛开其他因素，品牌营销传播是“内容+媒体”共同作用的结果，在碎片化的新媒体时代，人人都是自媒体，人人都是媒体人。你顺势而为，可以运用“传统媒体+新媒体”组合优势，构筑契合新时代传播的新组合、新矩阵，才能形成有影响力、营销力的传播攻势。

品牌的资产在于积累，其原理是利用条件反射刺激的原力——重复、重复、再重复。为了让每次传播都形成品牌资产积累，每次传播最好都要聚焦到话语体系上，让每次传播为品牌资产加分。点滴积累，周而复始，你的品牌影响力将越来越大。

Tips

1. 品牌传播定位，要从动机原力找到与顾客的共鸣点。

2. 品牌形象包括视觉形象和话语认知形象，话语认知就是要掌握话语权。

3. 品牌整合沟通要保持品牌沟通一致，同时用好软文宣传这把利剑。

附　录

“楼观沧海日，门对浙江潮。”

——唐　宋之问

◎ 写书的缘由

刘述文这厮在香港浸会大学学习期间，受到台湾东吴大学邓东滨教授（80多岁）的启发。邓老说：“要成为有价值的人，而不要只成功的人。”这句话让我受益匪浅。作为一名营销界的专业人士，若能把自己的学问、经验、思想等熔炼出一套好的方法，并能够帮到他人，让更多人受益，也算是为社会贡献了一些价值，就不枉此生了。因为这个念头，刘述文这厮用了三年时间写就此书。

◎ 品牌原力如何应对未来的变化

在极度竞争时代，品牌创意营销要面向未来，将要应对如下变化：

（1）面对科技发展，“购买理由”如何应变？

购买理由指向的是产品原力和消费者心理需求，在产品创新的无限空间里，人性不会变，消费者的心理需求在变。科技的进步推动产品迭代更新，新产品层出不穷，无论品类，还是品种、款式，都更为丰富。随着消费升级，向往高品质生活的消费群体，除品质外，更看重富有个性、有情感的品牌内涵。这迫使企业重视产品的个性化开发、创意设计以及制造高质量产品，在品牌塑造上赋予更多的人文情感。

（2）面对文化融合，“购买指令”如何应变？

创意购买指令主要依托“文化原力”，经济全球化带来了文化全球化，受西洋文化影响，有些国人开始过洋节，衍生出多样化、时尚化、时代化的文化现象。

那么，在购买指令创意时，一方面我们要深谙品牌寄生在传统文化的主体意识之上；另一方面，根据品牌的类型（品牌衍生），我们以“中学为体”进行中西文化融合，尤其是近几年崛起的Z时代新群体形成新的文化原力，为品牌营销创意开辟更广阔、更多元化的创意空间。

（3）面对信息丰富化，“购买刺激”如何应变？

4G发展带来信息的大爆炸，而5G的普及将带来更为多点化、碎片化、粉末化的信息渠道。信息即媒介，更多诸如小红书、抖音、快手等新媒体崛起，让顾客认知商品价值的路径发生了变化，也就是说我们的品牌直达消费者的通路更丰富和多元化，或许一条微信就能引爆创意裂变，一个网红就可拉动销售，甚至因此而孵化一个品牌。

因此，营销传播的条件发生多元化改变，促使我们的购买刺激策略——整合营销传播也要随之变化。

◎ 谈谈事业理论

理论是实践的总结，是经验的结晶，是指导行事的有效方法。个人与公司的成功都有自己的事业理论。

什么是事业理论？企业生存的根本，是能为社会承担某一方面的责任，解决某一方面的问题，因此就要有一种理论，这个理论是从经验中得来的，是你对自己的事业有独特的认知、独特的角度和系统的方法论，俗称事业理论。

刘述文这厮也有自己的事业理论：

（1）用全局思维思考，用系统方法做事

品牌营销战略是企业战略的重要部分，需要具有全局战略思考意识，例如产品结构、核心业务、品牌定位、营销传播、广告创意、包装设计、推广策略等，这些要素是战略要素中不可分割的部分。要把这些看成一件事，用系统的方法来做，不能分散来做，也不能由不同的人来做。

关于效率，商业界早有定论——系统效率大于独立效率之和。你的企业效益好不好就要看你是否发挥了系统效率。

实践中，我们发现客户会找甲公司做品牌定位，找乙公司做包装设计，再找丙公司做广告创意，还找丁公司做营销传播……其实这种将系统营销的各部分分割成为各个细小散件，不仅不能发挥“1+1>2”的功效，而且增加了大量的时间成本、沟通成本，每一家合作的公司都要重新理解品牌，每一家公司都为了创意而创意，这就是没有站在一个全局的高度来思考。

品牌营销策略是抢占或争夺消费者的方略，所谓谋局成势，高屋建瓴，就意味着每一次制定品牌营销策略时，我们都要将这个策略站在企业的顶层设计、全局战略的高度来思考，并用系统的方法做事情。

（2）用专心、专注成就专业

时光荏苒如白驹过隙，人要在有限的生命里做出成绩，唯有用专心、专注成就专业，方能成为某个领域的行家里手。

怎样成为该领域的行家呢？之前有一万小时定律——在每个专业领域坚持一万小时的学习与研究，就能成为某方面的行家。

其实，要成为某个专业领域的行家，一万小时的学习是不够的（当然某些天才例外），比如品牌营销行家，由于所涉及的知识面较广，包括心理学、经济学、广告学、传播学等学科，为了达到更精通的专业水平，需要两万小时、三万小时，甚至更久。同时，品牌营销是一门实践为主的学科，除了学习书本知识，研究成功案例，还要走向市场，积极将所学的方法带入品牌营销的实践活动中，不断在实践中总结经验。

专注，是脱离现实世界的妙门，是抵达超体验的唯一路径。专注了，才会把力量收紧，形成穿破障碍的势能，才不至于魂飞魄散。相信只要我们专注一件事，坚持十年、数十年甚至一生，即便是平凡的工作也可以做得非凡。正如任正非所言："金钱至上的社会风气里，能创出一种精神来，这才是留给后人的宝贵财富。"

刘述文这厮就要把品牌营销这个平凡的事情，用专注的精神去做，把这件事情做到极致，做到一个高度，为更多的企业服务。

（3）宁可被低估，也不可被高估

在极度竞争的时代，以虚怀若谷的谦逊姿态面对客户，何尝不是一种精神？

刘述文这厮现在无论是与客户在前期沟通，还是合作，都深深铭记和君咨询董事长王明夫先生的话——"宁可被低估，不可被高估"，把它奉为待客行事的态度与准则，始终保持不夸夸其谈、不肆意鼓吹的谦逊态度。

"被低估"是生存哲学。被客户低估了，要么合作不成，双方互无损失，合作不成情意在，说不定未来可期；要么合作成功，客户低估了我们，也是好事，我们后期会做得很顺，每一次提交项目成果，都可为客户带来惊喜，超越客户的期待，客户觉得花的钱很值，对我们的服务满意度自然也就很高，也就更信任我们。

"被低估"是合作智慧。如果因为吹捧，被客户高估了，即便合作了，后期也会带来很多麻烦，当客户期望超越了我们的能力范围，就会对项目成果不满意，失去对我们的信心与信赖，所以要想合作长久，我们的专业水准就不要被高估。

由于坚持这个准则，与刘述文这厮合作的客户满意度都很高，这些年也积累了很多回头客。凡事都有利弊，也因这个准则，让很多客户在初期洽谈没有看到我们足够的信心，未能达成合作，这个也无憾。所谓，弱水三千只取一瓢。

（4）“人生如莲”理当“三度修炼”

在我的人生路途中，受和君咨询的工作经历影响较大，例如“人生如莲”“三度修炼”的思想让我终生受用。

人生就像是睡莲，成功是浅浅地浮在水面上的那朵看得见的花，而决定其美丽绽放的，是水面下那些看不见的根和本。莲花初绽，动人心魄，观者如云，岂知绚烂芳华的背后，是长久的寂寞等待和生根固本。

“三度修炼”是从心性修炼的态度、气度、厚度，可谓“态度决定命运，气度决定格局，底蕴的厚度决定事业的高度”。人之态度、气度、厚度，犹如莲之根本。

态度决定命运，态度是性格的直观体现，人们常说性格决定命运，其实更深一层来说是态度，大俗话就是说“努力不一定成功，不努力一定不成功”。

气度决定格局，正如“宰相肚里能撑船”就说明宰相的度量大、格局大。

万丈高楼平地起，楼盖得越高，根基需要扎得越深。事业也一样，底蕴的厚度决定事业的高度，否则德不配位、才不配位。

三度修炼，日积月累，功到自然成，功不到，自然不成，为此，穷其一生也值得。

激情点燃梦想，习惯成就理想！真正的事业远行者，必须回到生活常态和朴实无华上来，把对理想的追求、志向的落地、底蕴的蓄积、胸襟气度的养成等，转变为一种天长日久、平淡如水的生活常态。

刘述文　写于深圳

2019 年 11 月

参考书目

1. 罗子明. 消费者心理学（第四版）. 北京：清华大学出版社，2017.

2. ［美］路易斯·皮茨. 蔚蓝诡计. 何辉译. 北京：华文出版社，2010.

3. 凯文·莱恩·凯勒. 战略品牌管理. 吴水龙，何云译. 北京：中国人民大学出版社，2014.

4. 华杉，华楠. 超级符号就是超级创意：席卷中国市场14年的华与华战略营销创意方法. 南京：江苏凤凰文艺出版社，2016.

5. ［美］霍普金斯. 科学的广告 & 我的广告生涯. 邱凯生译. 北京：华文出版社，2016.

6. ［美］格里芬. 初识传播学. 展江译. 北京：北京联合出版公司，2016.

7. 路长全. 智慧底牌. 北京：东方出版社，2011.

8. 赵星植. 皮尔斯与传播符号学. 成都：四川大学出版社，2017.

9. 龚鹏程. 中国传统文化十五讲. 北京：北京大学出版社，2006.

10. ［美］德鲁克. 创新与企业家精神（珍藏版）. 蔡文燕译. 北京：机械工业出版社，2009.

11. ［英］大卫·克罗. 视觉符号：视觉艺术中的符号学导论（原著第三版. 宫万琳译. 北京：中国建筑工业出版社，2017.

12. ［美］罗伯特·B. 西奥迪尼. 影响力（经典版）. 闾佳译. 北

京：北京联合出版公司，2016.

13. ［美］贝尔奇等．广告与促销：整合营销传播视角（第9版）．郑苏晖等译．北京：中国人民大学出版社，2014.

14. 李传屏．营销论语．北京：中国市场出版社，2006.

15. 黄升民，段晶晶．广告策划．北京：中国传媒大学出版社，2006.

16. 卢泰宏，周懿瑾．消费者行为学：洞察中国消费者（3版）．北京：中国人民大学出版社，2018.

17. 杨石头．摸着石头过河之品牌营销十大关键词．广州：广东经济出版社，2016.

18. ［美］理查德·克莱·沃宁．你的品牌需要一个讲故事的人（全球一线品牌的制胜秘诀）．陶尚芸译．北京：中国友谊出版公司，2018.

19. ［美］艾·里斯，杰克·特劳特．定位：争夺用户心智的战争．邓德隆，火华强译．北京：机械工业出版社，2017.

20. ［美］奥里森·斯威特·马登．潜意识．肖文键，马剑涛译．中国华侨出版社，2012.

21. ［美］吉姆·柯明斯．蜥蜴脑法则．刘海静译．九州出版社，2016.

22. ［瑞士］荣格．荣格说潜意识与生存．高适译．华中科技大学出版社，2012.

23. 林家阳．图形创意．黑龙江美术出版社，1999.

24. 叶茂中．冲突．北京：机械工业出版社，2017.

25. 黄芩，吴曦，操卫珍．品牌营销策划3字经．上海交通大学出版社，2016.

26. ［英］理查德·怀斯曼．怪诞心理学——揭秘日常生活中的古怪之处．路本福译．湖南文艺出版社，2018.

27. ［美］霍克．改变心理学的 40 项研究（第 5 版．白学军等译．人民邮电出版社，2010.

28. ［美］道格拉斯·霍尔特，道格拉斯·卡梅隆．文化战略．汪凯译．商务印书馆，2013.

29. ［日］井之上乔．公关力：从避免崩溃到有效传播的战略要素．路一，王冕玉，徐静波译．东方出版社，2010.

30. 罗兰·巴尔特．符号学历险．李幼蒸译．中国人民大学出版社，2008.

31. 克劳维茨．战争论．王小军译．陕西师范大学出版社，2012.

32. 熊彼得．经济发展论．何谓，易家详译．商务印书馆，1990.

33. 潜意识心理学，相先生主讲课程

本书推荐语

正确的创意创造真正的消费者价值

在我多年的营销工作和教学生涯中，有关营销、品牌、创意的学问都是学生们极度渴求的。可是，我也发现有关这几方面的认知，其实都是非常有限的。很多企业管理人，以为做品牌就是做广告、要做好的广告就需要好的创意、品牌营销就是要让更多人认识品牌的名字、只要有好的产品就会有好的品牌，还有很多很多似是而非、林林总总的误解。总而言之，我觉得这些情况是让我感到悲哀的。因为，当高级管理人以为他们很懂的时候，这些认知就会成为企业的主流看法。而当中国大部分高级管理人都有这些错误的认知的时候，这些认知就会成为中国大部分企业的错误。

其实，自从有营销，品牌就必须引起消费者的注意力。要达到这个目的，好的创意就是必须的手段。今天，品牌众多，竞争激烈，对创意的要求越来越高。可是，创意并不是灵丹妙药，只是让消费者感到愉悦和惊喜的创意，不一定能解决品牌的问题，更不一定能为消费者创造价值。任何营销，任何创意，都是为了成就品牌的目标的。问题是，很多营销人，甚至连营销的目标都不清楚，就去想创意。有了好的创意，但是不达标的情况，比比皆是。于是，品牌营销人就陷入了一个不知所措的境地了。

刘述文是我任教的香港大学中国商业学院的高材生，是一个非常好学、思路清晰的营销尖兵。他写的这本书，正道出了何谓正确的“品牌原力”。品牌的塑造、营销的成效，都需要“正确”的创意，需要以消费者为核心，不是为了自嗨，而是为消费者能达到更高的购买欲望和购买效率的。

这本书，我强烈推荐。

——陈亮途博士
香港大学中国商业学院客席副教授
威汉营销集团首席创新官

从传统广告到整合营销，以至多媒体跨平台传播等，市场和消费者均被多样化的营销传播工具迷得眼花缭乱，再加上大数据、云计算等信息革命的新玩意，营销传播已进入直接审视消费者“集体潜意识”的领域，统计运算与消费者洞察成为营销传播创意执行人的双刃剑，感性与理性要求的博弈，都会在每次创意执行中迸发火花。

述文在《品牌创意营销》一书中，提出了品牌原力的概念，借星球大战的创意，概括出孙子兵法中对“势”的运用法则，再结合中外各家不同营销传播及消费者心理论述，总结出一套以创意原力，直达消费者不同购买触发基点的心法，洋洋洒洒，纵横古今。

在我看来，述文在这瞬息变幻的营销传播信息革命年代，提出品牌原力的创意核心观点，正是在大千世界中“莫忘初心”的纯粹，打动消费者，不只是数据与计算的运筹，更重要的是切中人心的所思所爱，“原力”敢说不就是初心吗？

——资深跨媒体传播专家　徐亿雄

述文是我在香港大学SPACE中国商业学院整合营销传播（IMC）研究生文凭课程任教时的优秀校友，他以优异成绩毕业。得悉他的新书即将付印，特别为他感到高兴。惟最近教学太忙，未能如约看完他的新书，帮他写序，憾甚，只能写推荐语。述文是一位“既懂也会”的营销人，既懂 IMC 理论，也会构建品牌，他广泛阅读、深入分析、行文严谨、逻辑清晰、善用数据。“品牌原力、营销创意”，这个主题十分契合智能营销时代的特点，祝愿述文的新书洛阳纸贵！

——香港大学 SPACE 中国商业学院　营销管理系主任　袁启亮

创意是品牌营销老生常谈的话题，刘述文是我在港大的学生，对品牌营销有深刻的理解，如今所探索并创立的创意方法论——《品牌创意营销》，即通过找准品牌原力，找到营销创意的突破点，此书概念新颖，相信对品牌营销实践具有很强的应用价值。

——台湾中国文化大学广告系教授兼系主任　钮则勋博士

21 世纪的今天，中国品牌的营销力还有待提高，刘述文的著作《品牌创意营销》无疑在一定程度上弥补了国内营销界存在的不足。刘述文用“品牌原力”的概念，形象地概括了品牌创意在触发潜意识中的关键作用。书中对如何寻找原力、运用原力，有详细的指导，并配有实战案例，相信对读者有很大的启发。

——香港浸会大学市场学系副教授　王坦博士

认识述文是在十九年前，那时候他是我的学生，一位课上认真记笔记，课下细致阅读、刻苦专研，成功举办设计个展的校园杰出青年。十九年后，他亦成为“老师”，在品牌营销领域中潜精积思，勇于探索，将多年的理论研究和实战经验整理成书，为营销从业人员提供新思路、新方法。

翻看这本《品牌创意营销》时，我很感动，亦能从书中感悟到品牌营销创新研究的艰辛和与之俱来的快乐。它并不是一本简单的营销创意说明书，而是以实际问题从品牌营销的基点和根本出发，让品牌营销的思维、理念、方法跳脱出传统的营销研究，转以“洞察、突破、办法”这些与时俱进的思维，提出品牌营销原力创意方法。这本书实践与理论结合，方法案例详述，直观实用，定会给品牌营销的学习者、策划者、实践者带来全新的思维和行之有效的方法，成为品牌营销路上的好帮手，开启精彩的创意营销！

我也衷心地期望述文在自己专研的领域里日益精进，收获快乐与幸福！

——三峡大学艺术学院　张立杰

述文先生的专著《品牌创意营销》出版，作为老朋友我由衷高兴。这本书视角独特地阐述其“品牌原力营销论”，通过动机原力、文化原力到诱因原力的品牌营销剖析，揭示了从创造购买理由、传递购买指令，到刺激消费者购买的营销深层逻辑。另外，作者特别阐释了洞察和定义原力，用系统思维来管理品牌营销，这对企业开展品牌营销具有相当大的借鉴意义。

——资深战略与营销顾问、《工业品创新营销模式》作者　王昭伟

祝贺恩师刘述文著作《品牌创新营销》出版，作为他的学生，见证着他从才华横溢的设计师，到传播创意理想的大学教师，再到具有独到创意思想的广告人，如今正在建立通用营销方法的策划人与经理人。全书不仅建构了品牌原力的思维，嫁接品牌原理的方法，还有营销传播策划案例的分享。从这些案例反观其品牌原力理论，可以知晓作者对“人的研究”的深刻，作者对人的消费行为做了解构式分析，对购买理由、购买指令、购买刺激等都做了具体分析。此书是一本营销方法之书，适合营销策划者、品牌运营与管理者、品牌营销的执行者、品牌营销专业的高校师生等阅读。

——武汉工商大学　科技设计学院　副院长　郑中

讲品牌、讲创意的书市面上非常多，但这是令人眼前一亮的一本。作者从心理学角度切入，用大量案例，结合自身实战经验，深入浅出、翔实周到地为读者描绘出一幅消费决策全景图。采用娓娓道来的叙事手法，做到了把事情讲明白，把道理说清楚，把方法指出来。让看的人知其然，并知其所以然，不失为一本拿来就能看、看了就能用、综合理论学习与实战指导的案头工具书。

——中国科技创新投资有限公司　董事　刘乐悠

伴随着媒介模式改变的场景，即便多年从事营销传播方面的专业人士，依然存在品牌营销观念陈旧、概念不明、外延不清的问题。刘述文老师是中国资深的品牌营销人士，是深圳少数几位能将品牌营销讲透的专家。他深入浅出地将抽象的品牌营销理念具象化解码，并根据不同行业、不同场景对品牌的组件模块进行重新的调用、编排，并形成新的路径模型。这本书是以“品牌原力”为驱动型的品牌营销理念的最新成就，同时，也将为猪八戒平台未来在持续演进品牌营销数据模型的过程中，提供指导性的原则和标准。

——猪八戒网络战略发展部总经理　白贵全

品牌是企业最稳健的流量来源，而打造品牌最核心的方法就是营销思维。市面上营销书籍众多，大多数是讲方法和成功的故事，而真正从营销的本源去将营销讲透的书籍很少。刘述文先生用十几年的实战营销经验，以独特的思维源点方式带您发现品牌营销的原力，让您更系统地理解品牌营销及运用营销的力量，去为您的企业打造更具竞争力的品牌。

——执行创意总监　舒秀杰

品牌营销发展至今，经历了传统到现代、纸媒到数字、整合到链路的转变，这其中无论在哪个阶段其本质都是始终在品牌与消费者之间进行一种通路链接，其内核就是一种回归到人本关怀的一种“原力”。刘老师的这本《品牌创意营销》真正意义上揭示了品牌运营的“开关”就在于对“品牌营销原力”的掌握，书中从诱因引导、文化表达、调研切入、管理执行等层面梳理了行之有效的方法论，是一本适用于广大师生和行业从业者的品牌营销策略宝典。

——大连工业大学艺术设计学院教师　修旭

作者多年从事品牌营销策划工作，对品牌营销有独特的思考视角，他所创立的“品牌原力营销”方法，将理论与实践相结合，系统讲解了利用品牌原力，创意“购买理由、购买指令、购买刺激”的品牌营销方法论，希望这本书能帮到更多的中国企业。

——深圳市海归协会秘书长兼新锐作家　唐安丽